続・ようこそ
菜の花治療院へ
―出会いの日々―

山口千穂子

続・ようこそ菜の花治療院へ

―出会いの日々―

目次

はじめに

私は、平成二十八年、身体の中に流れていると思われている〝氣〟の本経十二経絡と奇経八脈のうちの督脈・任脈・帯脈の三経を、足裏での和紙灸で、ある程度治療が可能ということを記した『ようこそ菜の花治療院へ――出会いの日々――』（二〇一六年中西出版）という本を執筆いたしました。

その足裏の治療は、たまたま自分で見つけ出したものでしたが、私自身大きな驚きと喜びだったこともあり、書き残さずにはいられませんでした。

しかし、約一時間以内（それ以上になる場合の人もいますが）で、主訴及びその他の治療が可能ということが、本来自分も含め、身内の人などへの施術にも参考になるのではないか――という思いまでには至らなかったように思いました。

考えてみますと、私自身の人生のある時期、長い間ただの主婦だった私が、治療者ゆえの悩み・幸せ・喜び等を経験し、多くの方々とそれを共有した思い出にもなり、今は出版して良かったと思っております。

その後、その本を書き終えたことで、一応私自身の区切りもつき、その頃話題になっていた

〝引け際の美学〟などを考えていましたが、なぜかそれ以降も、試行錯誤を重ねつつ仕事を続けて、平成最後の年を送っていました。しかし、平成三十年の春、全く考えてもいなかった、手の甲と掌で全身の経絡の治療や首・肩・膝、その他の治療法を見つけることになりました。

それは、京都造形芸術大学通信教育部日本画コースのスクーリングを受講するため上京し（東京では神宮外苑キャンパス）その帰省時に機内で見た、わずか二、三行（だったと思います）の〝指の体操〟という簡単な説明文でした。

テレビ等で時折放映される、腰痛に良いとか、肩こりの解消のための体操などを二、三分、それも日に一、二回行う程度で長年傷んでいる部位が改善されるということは、それほど期待できるものでもなく、まして簡単な指の体操で旅の疲れが取れるとも思われず、二、三度指を曲げたり伸ばしたりしたものの、どこが良くなったのかも判らぬまま、目の前にある座席のアミ袋に入れてしまいました。しかし、帰宅途中のＪＲエアポートに乗ってから、なぜか「手には私のまだ知らない秘密があるのかもしれない」という思いが、少しの間も頭から離れることはありませんでした。

確かに手の甲のほうには、井穴・栄穴・兪穴（図1）などがあり、掌には労宮穴（図2）があります。

当院でも、手のしびれ、むくみ、物を落としやすい、力が入らない、字が書きづらくなった、などの症状のある人、パーキンソン症の人など、日に四〜五名ほどの方々に、十

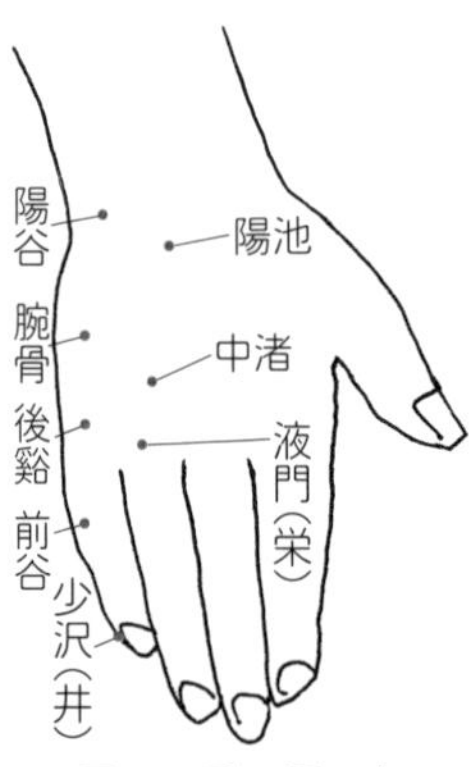

図1　手の甲の穴

宣や八邪（私の場合は井穴もしています）（図3）などに「アツー」と言われながらも、小さな知熱灸をして喜ばれています。

もしかしたら、私の思っている以上の治療法が手の中に隠されているのかもしれない――。それは面白い本の最後のページにドキドキするような感覚、どんでん返しになるのか、それとも考えられない別の展開があるのかも――とか、これで終わりってことですかぁーという期待外れの、あの得体のしれない、胸を締めつけられるような感覚でした。

帰宅した翌々日の水曜日の朝、その日早出のもえ先生に、患者さんが来院される十分ほど前、細長く切った和紙に、小さな灸をチョン、チョンと私の第三指（中指）（図4）に並べて置き、施術してもらいました。

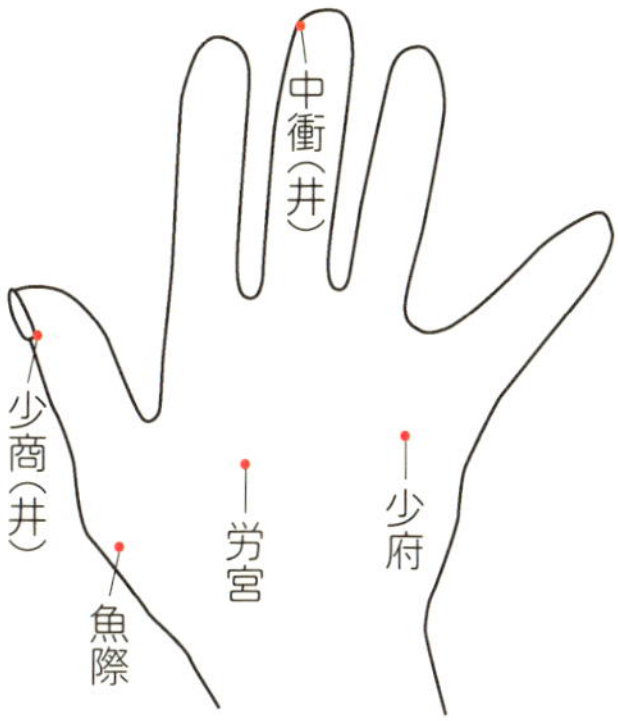

図2　掌の穴

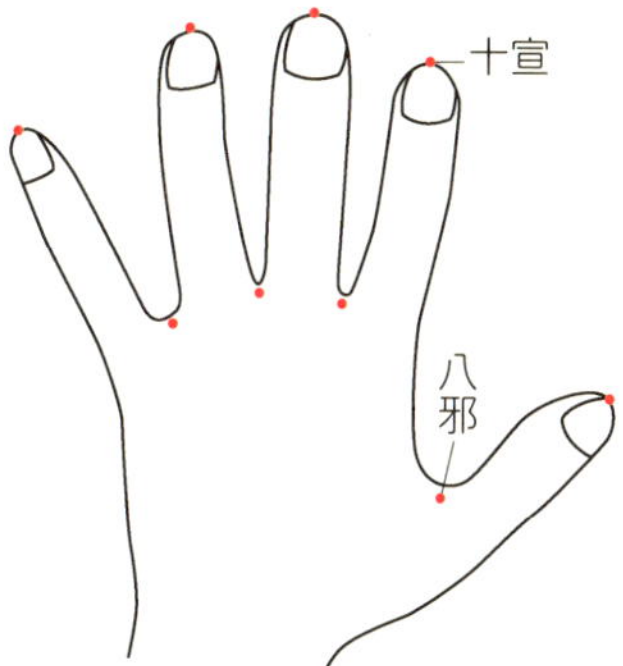

図3　十宣と八邪（八風）灸

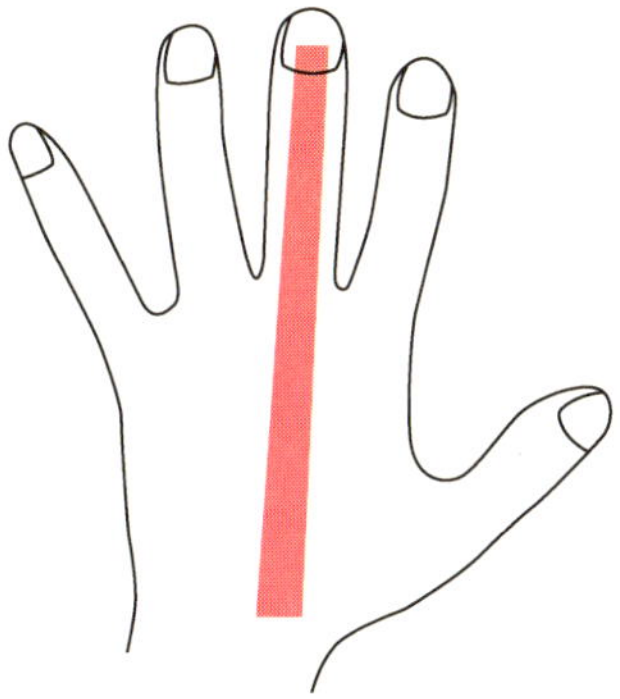
図4

時折患者さんの中で、傷んでいる経絡の上を施術した折、その部位から鼻とか目に突き刺さるような臭気が立ち上り、スタッフ達は（私も）涙が出たり、ゴホゴホと咳き込んだりしますが、その時も私の中指から、ブカーンと強烈な悪臭が湧き出ました。

私の第三指で一体どの部位が改善されたのか、その時は全く判りませんでしたが、確かにどこかの経絡が悪かったのでしょう。

その日から、どの指でどこが治るのか——を知りたいと思うものの、かといって、全く理解していない治療を、誰彼の区別もなくできるものでもなく、しばらくは苦しい日が続きました。

しかし、日々思考し、時折私の自由な時（スタッフがある人を治療している時）、その人の指を「ちょっと試させて下さいなぁー」などと言いながら、少しずつ知り始め、ついに十二月末頃、本経のほとんど、十二経絡と二月末には任脈と督脈の奇経が判りました。

治療を受けている患者さんが、「不思議ですねー。手で全身が軽くなるなんて！」と言いますと、スタッフの恵子先生が、「本当に不思議なんですよ。手で治るんですものねー」ですって。

指で経絡を見つけ出すことは、難しいことでした。指自体にそれほどの反応もなく、切経したところで、圧痛はないからです。まして参考になる書物など私の手元には一冊もありません。

一方、足裏のほうに関しても、以前の本に記した箇所の変更などで、治療というものが日々進化し続けるものだと、私自身が知ることになりました。

この治療法は、日々忍耐を重ねつつ、励まし合ってきたスタッフ達の、患者さん達への限りない愛から生まれたものですが、加えて、全く得体の知れない未知の治療を、いつも快く受け入れてくれ、身も心も私達に委ねてくださった多くの患者さん達のお陰によるものであることに間違いありません。

心から感謝申し上げますとともに、さらに進化を続ける「菜の花治療院」が、多くの人に寄り添う場所となりますように――と願っているところです。

※和紙灸の詳しい説明は、前書『ようこそ菜の花治療院へ』に書いてありますが、現在は日本紙の原料である楮（こうぞ）の手漉きの和紙を二〜三枚、治療の部位により変えて使用しています。

手の中の秘密

手の指で（後で掌と甲も入りますが……）経絡を見つけよう！　と思った経緯は〝はじめに〟に記してありますが、平成三十年の春の終わり頃でした。

当院では足裏である程度治療が可能ですが、つかみ所のない糸口、そして手がかりが全くない手での治療を、なぜ悪戦苦闘してまで知りたかったのかというと、ただ単に手の中にいったい何が隠されているのだろう、もしかしたら足裏と同じように経絡が走っているのではないだろうか――と一瞬思っただけのことです。しかし、それらを治療に役立てるように見つけ出すまでには、一年半以上の歳月が必要でした。

開業して十五年目に入り、ようやく「菜の花治療院」らしい治療が出来るようになってきました。

それは、本来身体全体に流れていると思われている〝気〟が縮小された状態で、手の甲と掌・足裏にも存在する！　ということをおぼろげながらも知ることになってしまったからです。

本経十二経絡と奇経八脈のうちの督脈と任脈を入れて十四経を、五本の指と甲と掌の中で見つけてみよう、ということ自体無理なことですが、考え始めた頃は、そのことを全く判っていませんでした。それを飽きもせず求め続けられたのは、まるで何者かの導きがあってのことですが、その何者かは、仕事の日には毎日「さぁ、きょうも頑張ってね」とか「勇気を出してね」などと、私の背中をグングン押しました。その何者かは、励ましてはくれるものの、集中力と努力と忍耐力を試されるような日々でもありました。しかし、それは同時に新鮮な驚きと喜びも届けてくれました。

それらのうちから、いくつかのメッセージをお伝えします。

平成三十年の春、私の第三指（中指）に和紙灸をした時のことは、〝はじめに〟に書きましたが、ことの発端は、その指からひどい臭気が湧き出たことから始まります。その時、その中指でどの経絡が改善されたかということは、全く知ることもなく終わりました。そして指での経絡を知ろうとした時も、なぜか中指からではありませんでした。

実際、中指のことなど全く念頭にはなかったからですが、指での施術には少しの時間が必要でした。指を切経してみたところで、圧痛も反応も全くなく、何から手をつけて良いのか判らなかったからです。

手の指での初めての施術は？　と考えてみますと、私の場合、膝をついて中腰で仕事をする時がありますが、私の目はベッドの斜め少し上になります。患者さんが上を向いて寝た場合、自ずと目の前は足の陽明胃経（図1）になり、手の指はというと、人指し指に目が止

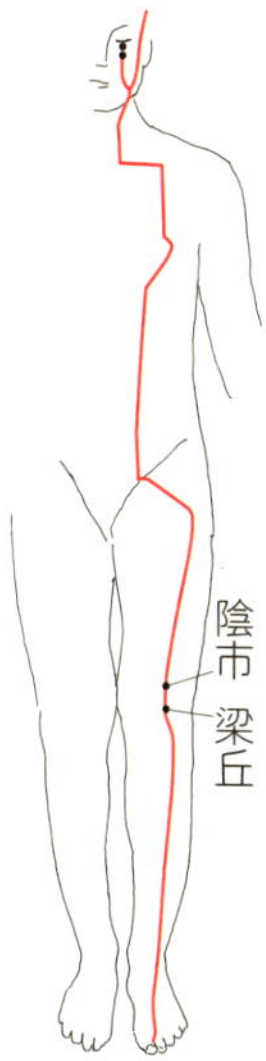

図1　胃経

まります。私は、思いきって第二指を胃経（図2）と決めました。

まず、胃経の顔の部分の〝承泣〟〝四白〟（図3）、また下肢では〝梁丘〟（図1）などに圧痛があるのを、患者さんに納得していただき、その第二指に一列・九粒ほどの小さな灸を、細長く切った和紙の上で二度ほど施術しました。

臭いニオイは出なかったものの、その足の胃経はフワリと緩み、顔の〝四白〟などの圧痛も消えていました。

私はこの指での治療の始まりに、一瞬時間が止まったように感じました。この時私は、未知の世界へ飛び出す冒険家のように、勇気凜々として、手の甲の秘密を絶対探り出してみよう！　と思いましたが、実際は足裏の治療ラインを見つけ出した時と同じように、ひたすら歩き続け、周りの景色など全く目に入らぬ日々だったように思います。

当てずっぽうにしていたはずの第二指（爪側）でしたが、それが胃経かもしれないと思った時、その指の裏側のほうは？　と考えました。東洋医学を学んだ人でしたら当然判ることですが、表裏でいいますと脾経（図4）になります。

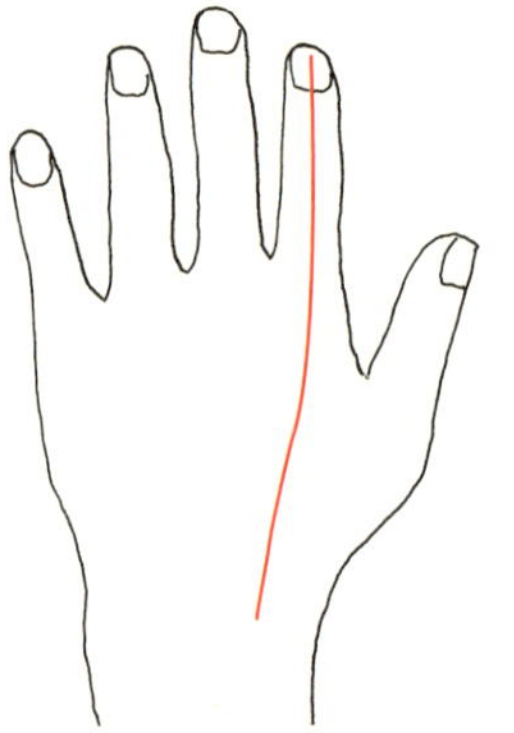

図2　胃経

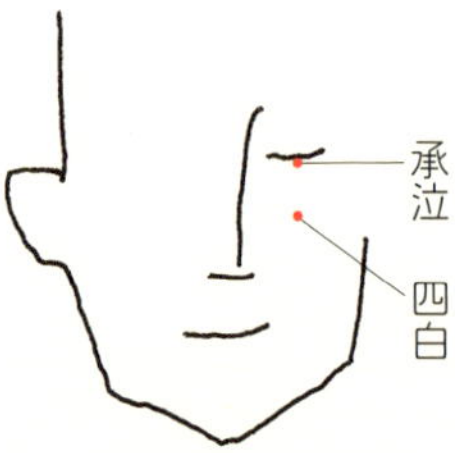

図3

表裏関係

裏		表	裏		表
手の太陰肺経	↔	手の陽明大腸経	足の少陰腎経	↔	足の太陽膀胱経
足の太陰脾経	↔	足の陽明胃経	手の厥陰心包経	↔	手の少陽三焦経
手の少陰心経	↔	手の太陽小腸経	足の厥陰肝経	↔	足の少陽胆経

①

そこで思い切って脾経だと思う第二指の裏側を施術することにしました。

まず足の脾経の切経では、嬉しいことに圧痛があり、第二指裏（図５）での施術で足の脾経は緩みました。そしてたまたま、足の脾経の通る膝周りが腫れていて、いかにも治療して欲しそうな様子です。

もう一度第二指をみてみますと、その指の第三関節（人指し指の付け根）が少し腫れていました。その時、足の脾経と第二指裏の脾経が、もしも同じ脾経だとしたら……その第二指でも膝の治療が可能ではないかということに気が付きました。（図６①）

祈るような思いで、その第二指の付け根にバンドエイドのようにぐるりと和紙を巻き、小さな灸八粒ぐらいを二度ほどしてみました。

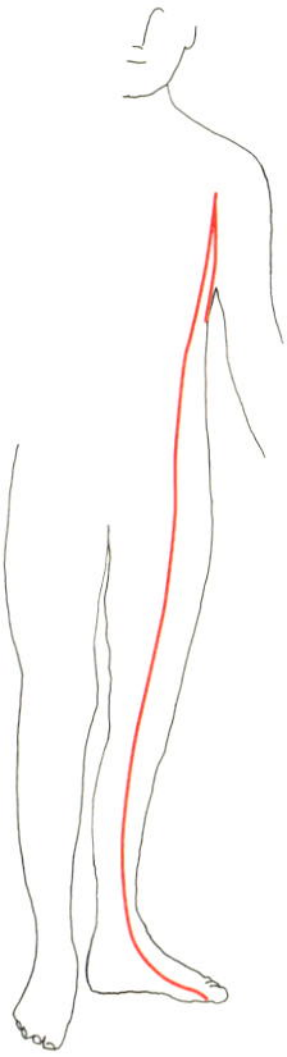

図４　脾経

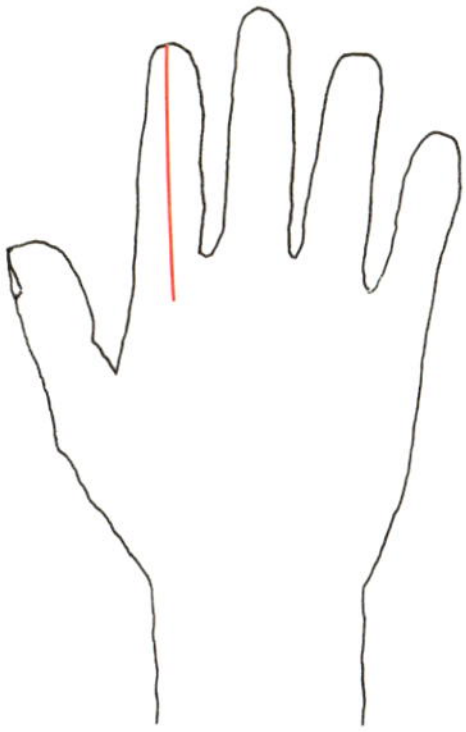

図５　脾経

そして、その指の付け根に少し強めのマッサージをしてみましたら、なんと膝はほとんど治っていました。そして後になって判ったことですが、肺経が傷んでいる人は、親指の付け根（図6②）でもかなり膝は治るということでした。（肺は第一指の掌側になります）

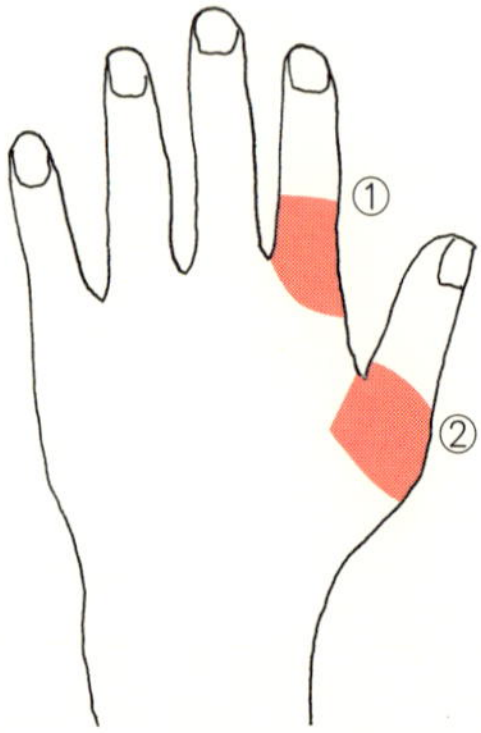

図6

指で膝が治る！　と知った時の嬉しさは、言葉にもならないほどでした。その後、このようなことが度々起きることになるのです。

〝指にも素敵なメッセージがある！〟と知ったその日は、それを一度しかしませんでした。あまりにももったいなく、軽々にはできなかったからです。

その後しばらく経ってから、時々第二指での胃経の治療をしていましたが、全く改善されない時もありました。

一体なぜなのだろうか、と様々な方法を試しましたが、どんなに心が折れそうになっても、諦めることなど、私の中では一度もありませんでした。治されたがっている胃経のことを思うと、「いつか必ず見つけ出してみせるね。待っててね、胃経ちゃん！」と、つい声が出そうになるほどでした。

この胃経の治療については、あとで知ったことですが、単に第二中手骨に添って、手首横紋までの和紙灸で改善されることが判りました。ということは、それまでその中手骨から少しずれて施術していたのでしょうか？　単に雑だったのでしょう。

同名経絡	（陰）	（陽）	
①太陰	手の太陰肺経 足の太陰脾経	手の陽明大腸経 足の陽明胃経	陽明④
②少陰	手の少陰心経 足の少陰腎経	手の太陽小腸経 足の太陽膀胱経	太陽⑤
③蕨陰	手の厥陰心包経 足の厥陰肝経	手の少陽三焦経 足の少陽胆経	少陽⑥

次に目についたのは、胃経の隣の足の胆経でした。（図7）単に隣だったからです。指も隣の第三指（中指）でした。（図8）

患者さんの中に、「足が夜中につります」とか、「耳の聞こえが少し悪くなりました」とか、「歩く度に足の小指のほうが痛くなります」等々、その胆経が傷んでいる人が意外に多いようでした。

これらは足裏での胆経の治療でかなり良い効果がありますが、もし指で治療が可能でしたら、人指し指の隣の中指での施術は、時間的にみて好都合でした。指での和紙灸は、

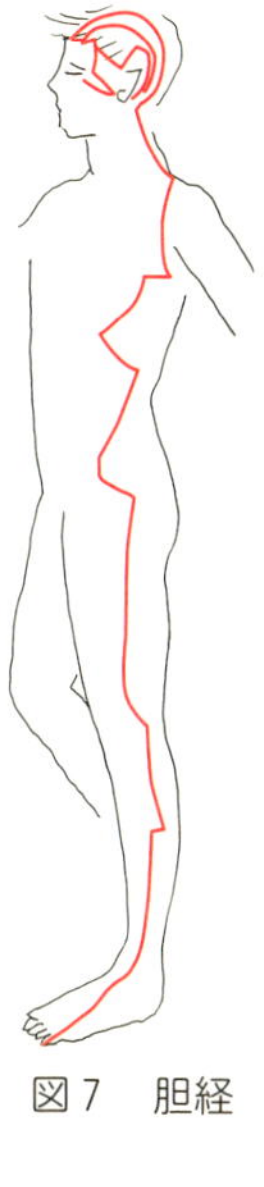
図7　胆経

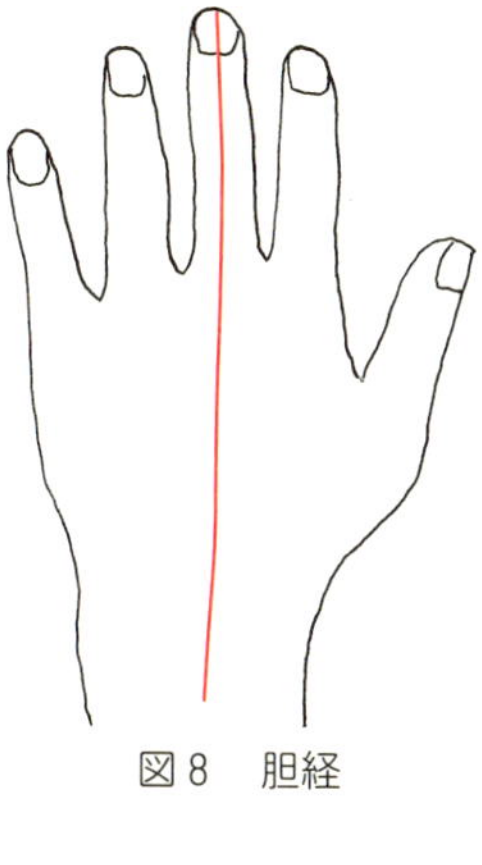
図8　胆経

足裏より良い効果がある時もありました。その時、私の中指からとんでもない臭気が湧き出たのを急に思い出しました。電車を乗り継いでの通学のため、足が疲れていたためでしょう。フムフムと納得した次第です。しかし、いつでも効果があるとは言えない時が度々ありました。それに胃経も胆経も同じように固く張ったままでした。またまた考える日々が続きました。

胆経が緩まない場合、足裏の胆経の治療の時に用いるラインで図9のような和紙灸が、固く張った胆経も緩むことが、後で判りました。

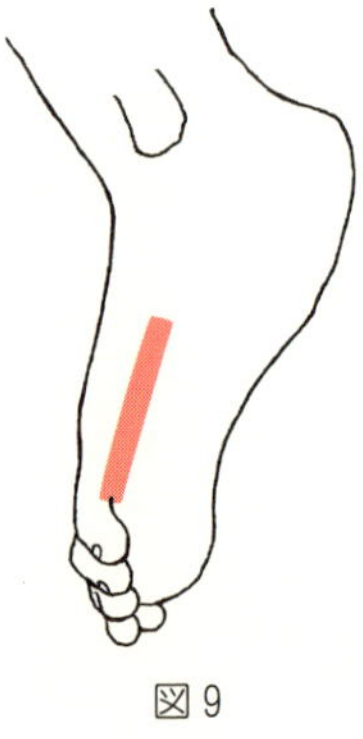

図9

治療が行き詰まったような日が続く時、新しい治療穴（ライン・エリア）のメッセージなどは、一番必要とする瞬間に届きます。それは私というチューナーを通して、それをキャッチしてくれた何者かが、いとも簡単に無償で瞬間に送り返してくれるのです。それも私の施術可能な範囲のようで、私が必要なことは、「なんとかしてこの方を元気にしてさしあげたい！」と、強く望むかどうかのようでした。

その差し出されたメッセージが届いたのは、平成三十一年一月でしたから、前の年の九月頃から考えあぐねてきた中指（胆経）のことは、四ヶ月ほどかかったということになります。それだけの時間が必要だったとはいえ、届くのが遅かったねー。

いよいよ第四指と第五指のことになりますが、経絡の図を見てみますと、胆経の隣りは膀胱経（図10）で、それは背中を二列（全部で四列）になって、胆経と同じく足先のほうに行き、第四指と第五指がふさわしいと考えていました。しかし、本経の十二経のうち、陰陽に分けた陽経の六経で、そのうちの陽経の三焦は掌の中で治療が可能となったとしても、残りの五経を均等に分けるためには、その膀胱経で二本の指を使ってしまうと、陽経の小腸経の行くところが無くなってしまいます。

そこで、もう一度考えを改めなければならなくなりました。やはり膀胱経を第四指（薬指）だけにして、小指は小腸経にしようと、一応おさめることにしました。しかし、「第四指の薬指一本で、あの広い背中の片方だけでも、二列の長い膀胱経の治療が可能なのだろうか！　それだけの力が、あの一本でやれるのかなぁ！　かわいい薬指ちゃん、頑張ってくれますかぁ―」と言いたくなるほど愛おしく感じました。

指の裏側は陰経の治療に良いと感じていましたし、掌のほうで心包経と三焦経の施術をしても時々良い結果もあり、少しずつ手での経絡の結果見えてきていて、あと少し、もう少し頑張ろう！　と思いつつ過ごしていました。

そして第四指が膀胱経だとしますと、その裏は自ずと腎経となり、その治療は思った以上に良い結果でした。（図11）

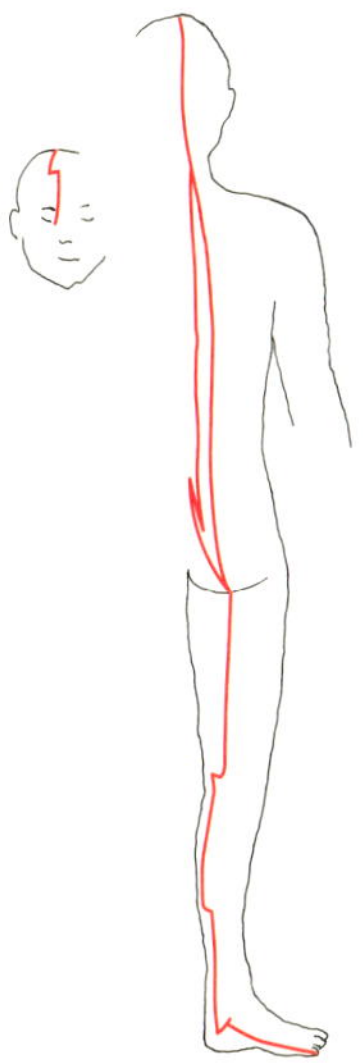

図10　膀胱経

そうなると、中指の爪側が胆経で、裏は表裏一体で肝経（図12）ですかぁーと、一人でご満悦でした。そして小指は、陽経の小腸経で、その陰は心経で、指の裏かしらねーと、またまた嬉しくなっていました。（その時はまだ心経の治療はしていません）

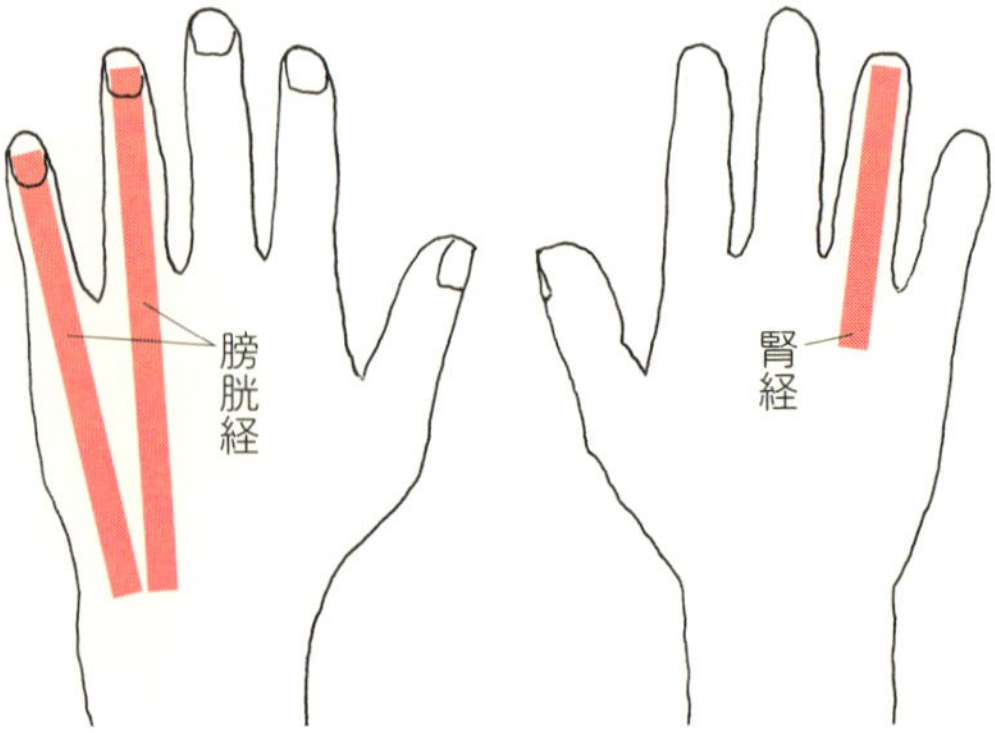

図11

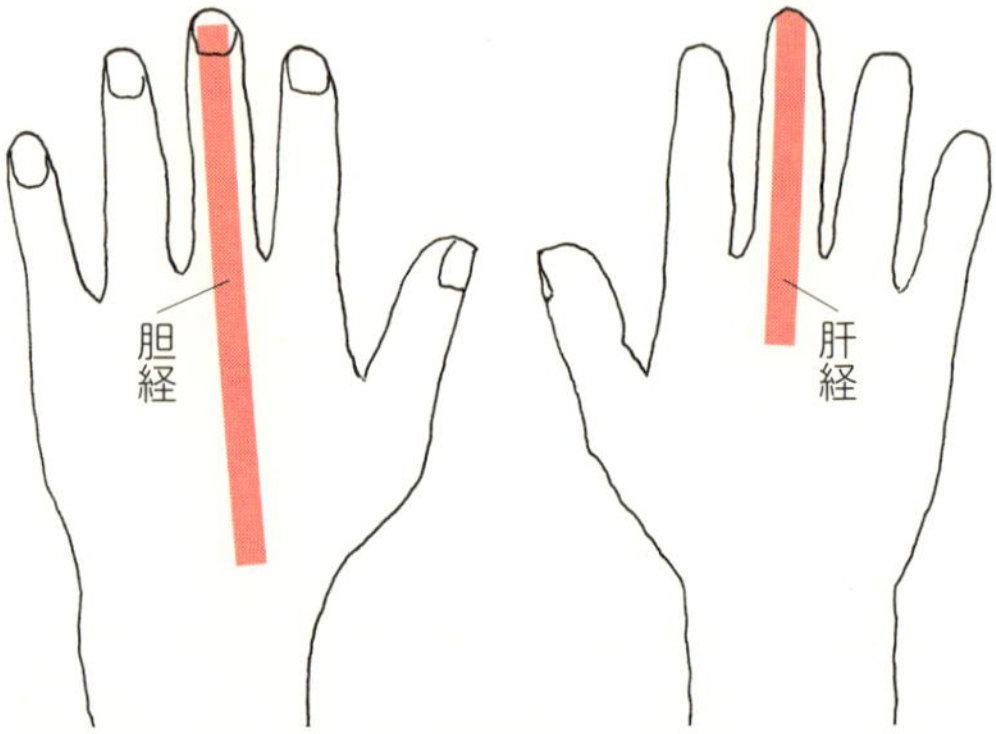

図12

ところがこの一月、お正月明けに、その心経・心包経・三焦経の三経（図13）が非常に傷んでいる女性が来院されました。そういう話は映画とか小説にしても、かなり嘘くさく、避けてしまうところですが、この〝菜の花〟では始終あります。

「この治療はつい先程見つけましたよー」とか「これは昨夕、最後の人で知りましたよー」等々。その人にふさわしい治療穴を、その少し先に見つけていたりしますが、これを恵子先生達は「菜の花マジック」と言っているようです。

スタッフ達にはその都度、新しい治療穴をお知らせしていますが、治療し終わってしまうと、たまたま見つけた反応穴も消えてしまい、スタッフ達に「それらしい人がいらしたらお知らせします」と言っていますが、それらしい人がすぐに来院されます。それがあまりにも多くて、恵子先生達は、「覚えることが多くて、頭がパニックになりそうですよー」と言っていますが、道なき道を歩く私だって、「治療してさし上げたいラインがいっぱいあって、同じ思いですよー」と言いたいほどでした。

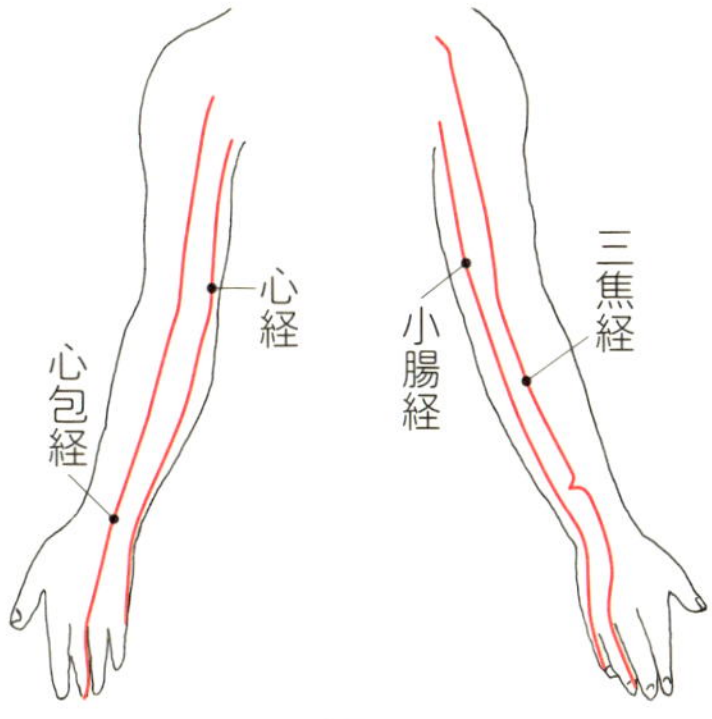

図13

さて、その三経のことですが、何となくあの辺りで治療しようと、不確かなラインのままでしたが、それでも一応治ったりしていたため、深く考えてはいませんでした。しかし、私にとって、今日の患者さんは、確かめるという意味では、願ってもないチャンスでした。

その方に上を向いて寝ていただき、それぞれを切経しつつ、一経ずつ決めていきました。その時知ったことは、小指の裏で心経を治療しようと思っていたそのラインが心経ではなかった、ということでした。

では、小指の裏は一体何という経絡なのだろうか――。心経ではないのですから。

その時はまだ、小腸経の陽経が、陰経と思われる小指の裏に来るはずはないと思い込んでいました。

　まるで信号機のない交差点のように収拾がつかず、頭が混乱して、つい宙を見て、何が正しいのだろうか——と考え込む日々が続きました。

　しかし、もし爪側だと思っていた小腸経が小指の裏で治療可能ならば、空席となった第五指と第四指の爪側の二本が、広い背中の膀胱経の治療ラインとなるはずです。そして、陽経の小腸経は、この際ひとりぼっちで、陰経の席に座っていただくことになりました。

　これを知るのに三ヶ月以上もかかりました。しかし、今考えてみますと、その年の春から頭の中の七、八割は指の治療のことだけのようで、ますます話題の少ない、つまらない老女になってしまっていたようです。そして、そこで知った経絡の治療ラインは図14のようになり、嬉しい、嬉しい日となりました。

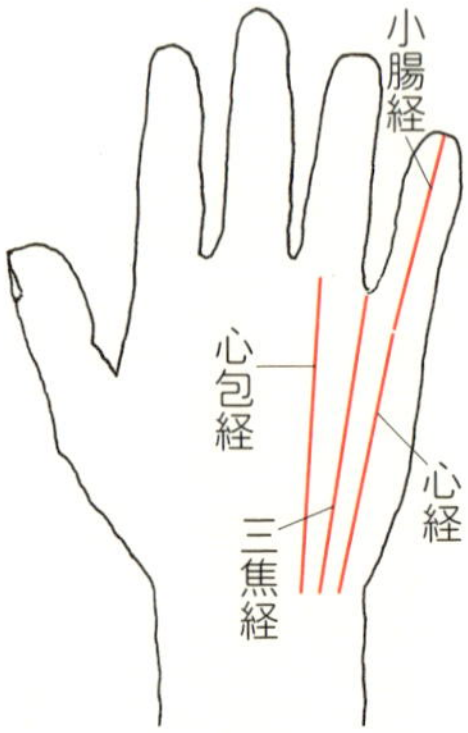

図14

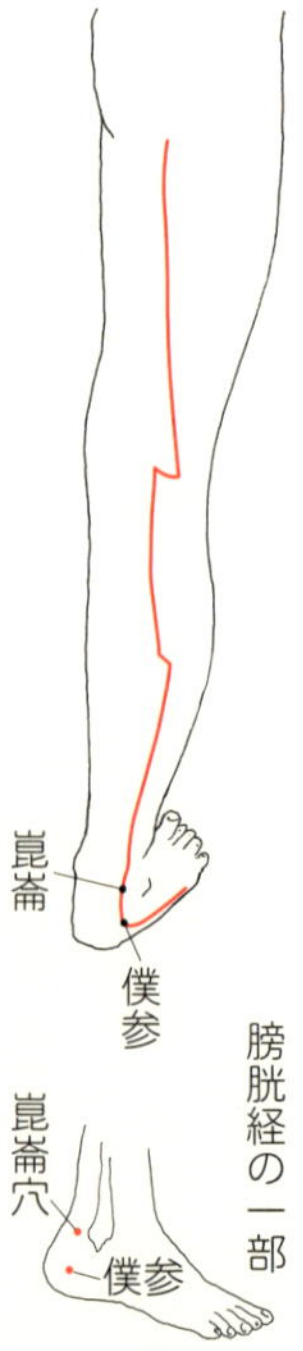

図15

　手の指での膀胱経の治療についてのことになりますが、多くの方に圧痛のある外果の横の崑崙穴・僕参穴（図15）が施術後に美しく凹み、なおかつ、圧痛が消えているのを確認したことがありました。

　私は「へェ～ッ、手の指で本当

に膀胱経が改善されるんだなぁー」と、内心非常に驚いていましたが、その崑崙穴周りが第四指で改善されたのか、それとも第五指だったのか——と少しの間考えてしまいました。しかし、次の患者さんも待っている状態で、気になりながらも、そのまま一週間ほどが過ぎたある日のこと。

その日の最後の人は、少し余裕のある時間が取れることになり、丁寧に治療してみることにしました。

まず、第五指から和紙灸をしてみました。そこで知ったことは、脛椎の横を通る首のラインがスッキリと、圧痛もなく、第一膀胱経の治療に良い結果が出ていました。

次は、第四指です。その施術で、圧痛のあった崑崙穴周りは凹んでいて、患者さんも「痛くないですよー」。それで知ったことは、第五指は椎骨寄りの第一膀胱経で、第四指は下肢の外果のほうにも良い治療に第二膀胱経ということでした。（図16）

なお、膀胱経が傷んでいる人の首の治療は、今の手の指での施術で、ある程度改善されますが、交通事故や他の何かの理由での首の損傷は、この治療だけでは充分ではないと思います。このことについては、他の頁に書いてありますので、参考にしてください。

しかし、第一膀胱経の横の夾脊のライン

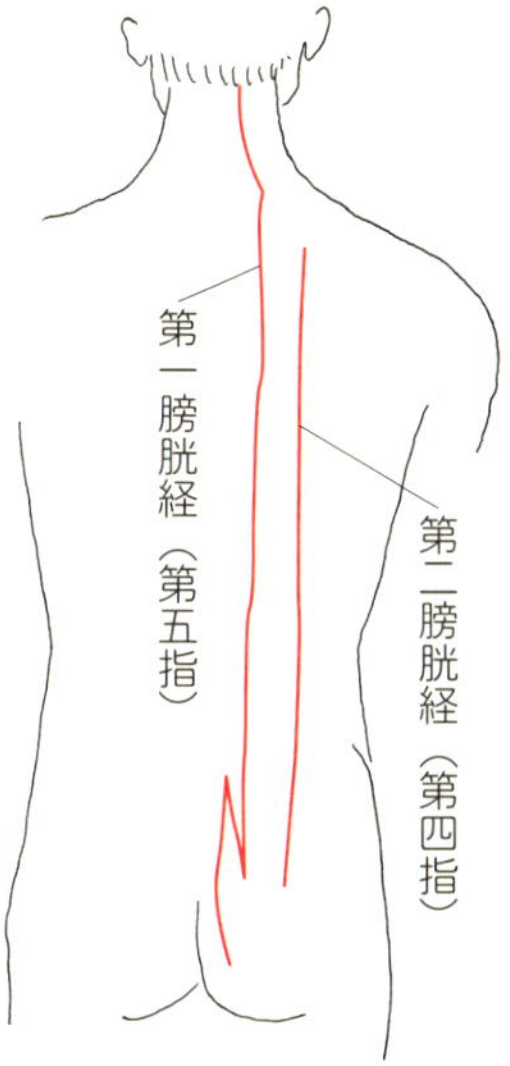

図16

（本書155頁参照）が、その第五指の横、小指の端で施術する（図17）というのも、理にかなっていると思うと、一人フムフムと幸せに浸ることもできました。

胆経の場合、足の胆経を切経してみますと、足の中央の膝関節足陽関穴と陽陵泉（図18）の間にパッチンと張った部分がありますが、そこの部分を緩めますと、胆経は指の施術でも充分改善されます。

その部分の緩め方は、足裏の胆経ライン上にあり（図19①）、長さ五センの細長い和紙に二列・五粒ぐらいの灸を二度ほどしてみますと、指の胆経、第三指でも良い効果がありますが、

図19②の和紙灸及び棒灸でも胆経はさらに緩みます。

最近、その胆経の治療に良い治療法をみつけましたが、それは後ほど。（本書141頁）

しかし、このような治療法を知ったところで、約一時間以内（それ以上の人もいます）での全身の治療が少々無理な時があり、当院では特に傷んでいる経絡を施術した後、肩・腰・帯脈などの治療にあてています。

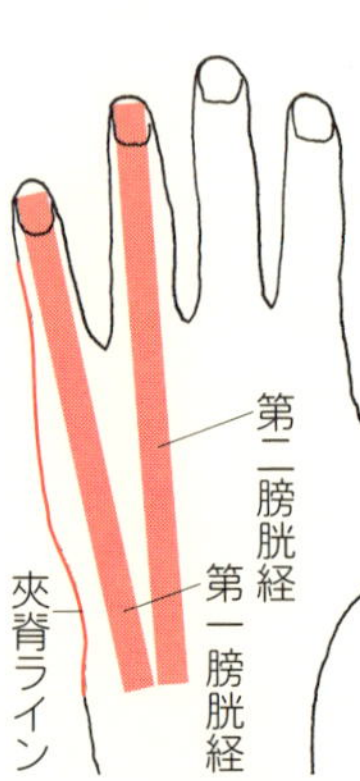

図17

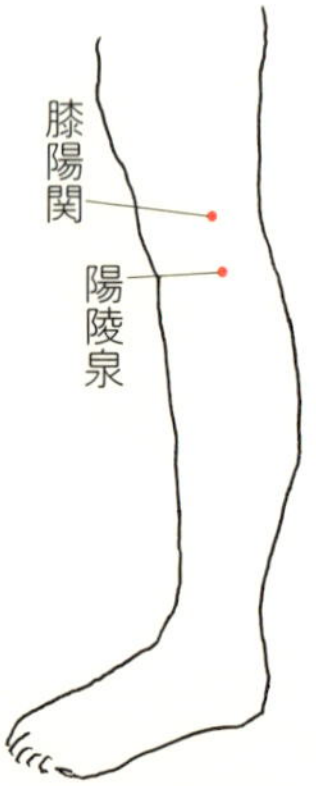

図18　胆経

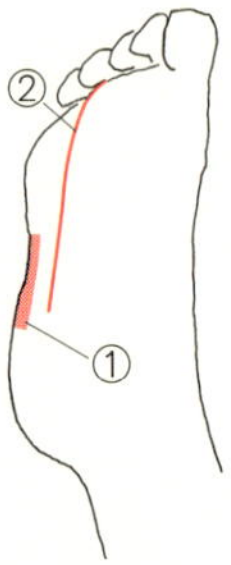

図19

それにしましても、恵子先生などは「時間よ、止まれーって言いたくなるほどですよ」と言いますが、もえちゃん先生も同じように思っていることと思います。

私はというと、なかなか改善されない人に「メンコ、メンコってなでるだけで治るってことはないものかしらねー」とか「イタイのイタイの飛んで行けー」って、思わず言いつつ、さすったりする時もありますよー。


さらに面白いと思ったことは、陽経の胃経・胆経・膀胱経は、どのラインも顔から足先までと長く、膀胱経は背中四列となりますが、指の治療でも同じように、陽経は爪先から手首横紋までと、長い和紙灸が必要となり、他の陰経の経絡の肺・脾・肝などは、ほとんど短いラインで、掌の中手骨までの施術により治療がある程度可能です。

何気なく施術していますが、本当に不思議なことだと、つくづく思っています。

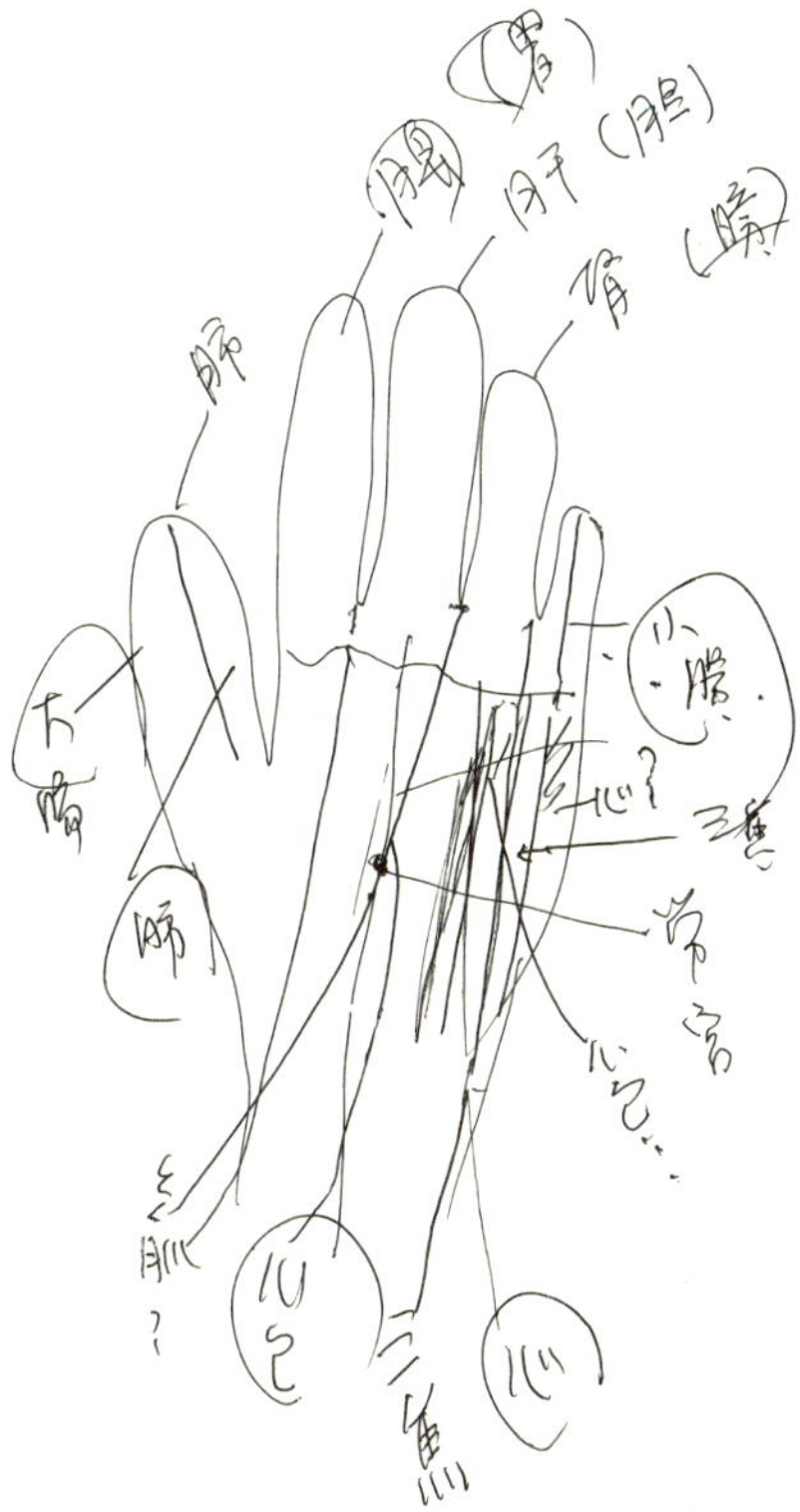
考え中の図

手の中の任脈

一月初めの頃、その日の朝一に身体の不調で来院された男性は、奥さんと御一緒でした。私は御主人のほうを治療していましたが、どの経絡にも圧痛があるようでした。もえ先生は、奥さんの身体の各ラインを切経していました。

その時何となく、任脈がかなり傷んでいるのでは？　と思い、もえ先生について「任脈のほうはいかがですか？」と言ってしまいました。

うつ伏せだった彼女に上向きになっていただき、任脈（図1）を切経している様子です。

その切経で、彼女は身をよじるほど痛がりました。（実際、身をよじっていました）

下肢の裏のほうでも任脈（図2）の治療が可能ですが、その治療をするには時間的に余裕がないようでした。

簡単に治療できるその治療穴も、大急ぎで探さなくてはなりませんでした。

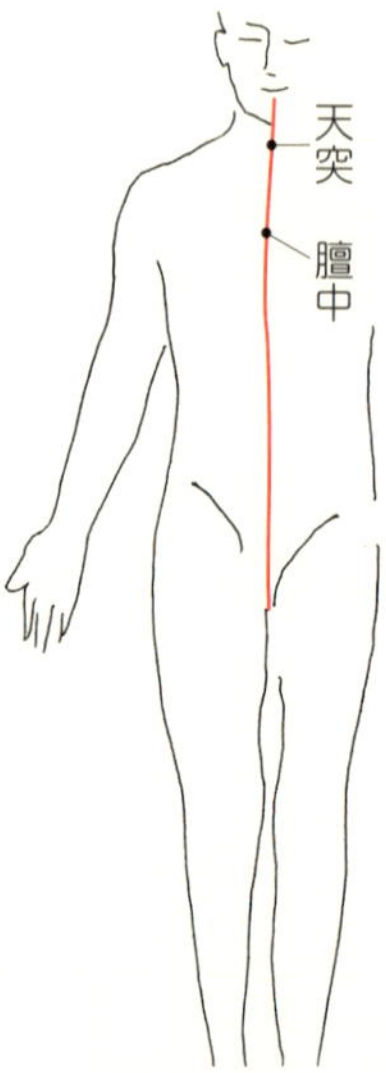

図1　任脈

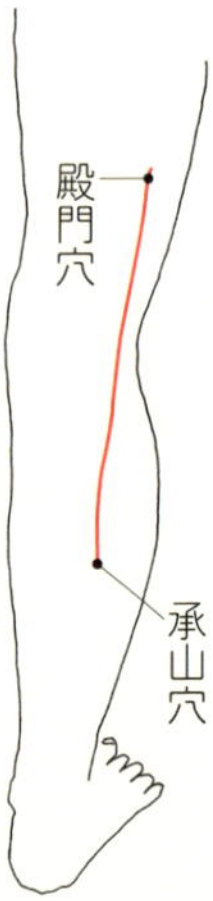

図2　足での任脈

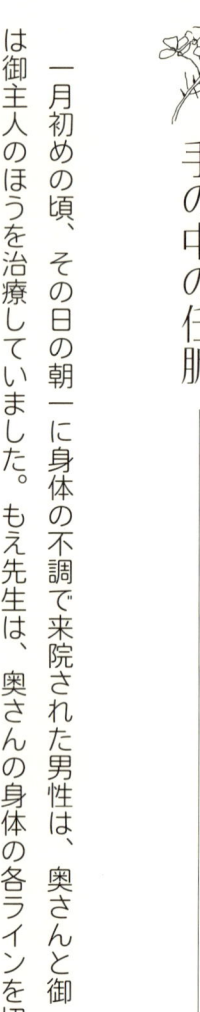

その時、手の中でいろいろな経絡を見つけていましたが、まだ任脈は探している最中でした。一体どこなのだろうかと――。

私の指は手の合谷が通る大腸経（商陽から合谷）（図3）の一部人指し指の内側に触れました。

なぜその部分かと言いますと、手の中は十二経絡でほとんど埋め尽くされ、残っているスペースがあまりなく、それがそのうちの一部だったからです。

私は右側、もえ先生は左側の大腸経の一部、手首までを一直線の細長い和紙灸で二度ほど施術しました。もえ先生が再度任脈を切経すると、圧痛は消えていました。私達二人でその治療ラインを「任脈ですねー」と、確認し合ったほどです。

このようにしてその日が始まった？　任脈の治療ですが、その後ずっと頭から離れず、もう一度確かめてみたいと思いつつ過ごしていました。

およそ一ヶ月が経ったある日の夜のこと。

大腸経（図4）のみの施術で任脈の治療――ということに納得がいかない私は、一人治療室で和紙灸を試みることにしました。都合の良いことに膻中から天突まで、圧痛があったからですが、そのラインで咽頭部までの圧痛などの

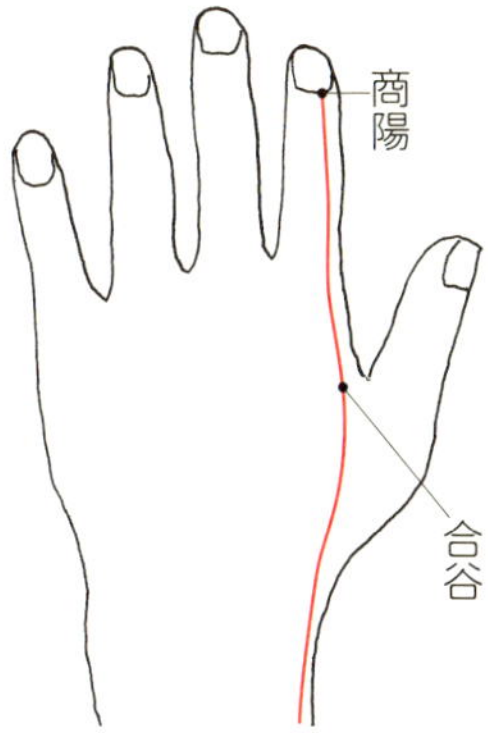

図3　手のみの図

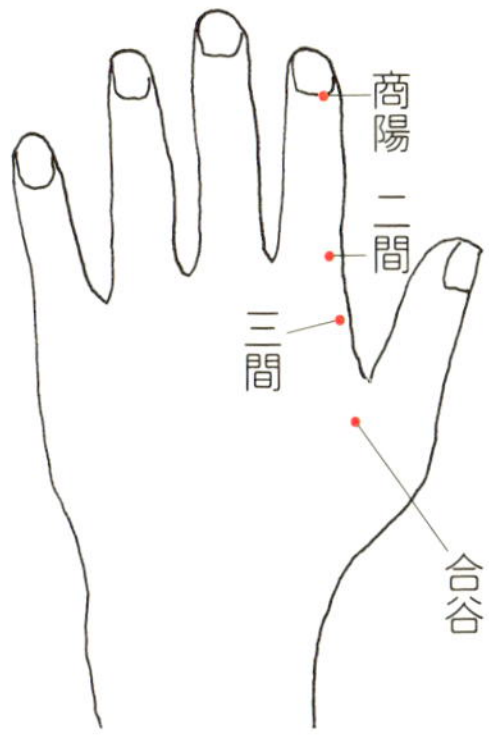

図4

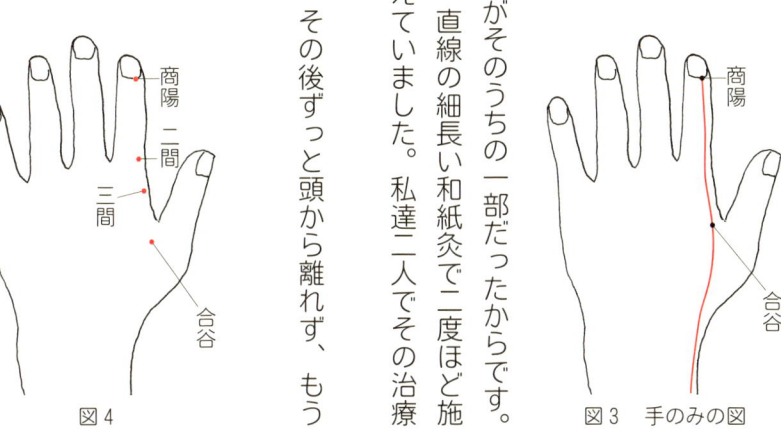

主治に良いとするなら、特別に任脈の治療に特定する意味もないのではーーと思ったからですし、私の考えでは、任脈の治療ラインが、それほど短いラインではないのではないかーーとも考えました。

では、会陰から天突までの任脈の治療に効果のあるラインは一体どこなのだろうか、そして合谷の続きはどこなのだろうかーーと、しばし合谷を見ていました。そして、親指の内側に気がつき、そのラインに細長い和紙灸を一列施術したというわけです。（図5）

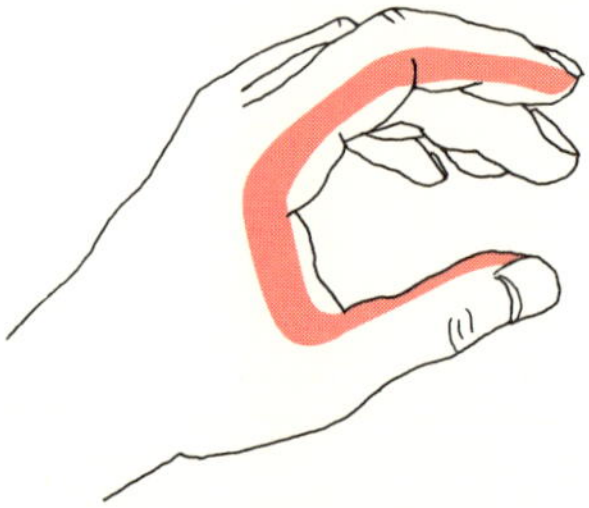

図5　任脈の和紙灸

一月の初めに、御主人と御一緒に来院された彼女に、多分そのラインに少し重なるように施術したため、任脈の一部が改善されたのでしょうか。合谷の人指し指側が膻中なのかしらねぇー。今も判っていません。

以前からその人指し指の横に圧痛がある人が多くいましたが、それで一体どこの治療になるのか、その時は知らずに過ごしていました。

任脈は、他の人に滅多に触れさせぬ陰経の経絡です。うつ伏せの姿勢での任脈の切経が、なかなか思うようにいかないのも当たり前ですが、多くの人も見逃していたということでしょうか。その施術後、ほとんどの人が「深い呼吸ができるようになりました。今まで浅い息だったのですねー」と言ってくれています。ただ陰部の深い部分まで傷んでいる人は、改善されていないように思います。

春先、二月頃の雪道も、日中の陽差しで、それが解けてしまうのに、建物の陰の部分ではまだ雪が残っている、という感覚。それは、人指し指の親指側は陽が当たって陽経となり、親指の内側が陰となる――何となく任脈っぽいなぁーと思ったからですが……。

【エリアごとの治療】

同名経絡

お恥ずかしい話ですが、私は自分の治療方法に関して、毎日が精一杯の状態で、反省する時もなく過ごしていました。私自身、専門学校は卒業しているものの、他の治療院で修行したことは一度もなく、そのような技術は何一つとして持ち合わせていませんでした。患者さんにはその都度新しい治療法を見つけつつ、悪戦苦闘しながら、その日その日を送っていましたし、スタッフ達にも「誠実ささえ伝われば良いのです。私達はただの鍼灸師ですから」などと言っていたほどでした。

しかし、背中の膀胱系の治療で足裏の治療法を二列、二度ほど施術してみても、充分に改善されない時もあり、さらに平成三十年の春から思いついた掌と手の甲との治療でも、それぞれのパーツは改善されますが、それでも身体全体の気が豊かに満ちている、という感覚までには至っていなかったことに気づき始めていました。

肉体を持って生まれた私が、自分の思考の範囲、その延長線上の肉体を精一杯使って施術するということには、少しのためらいもないものの、わずかな時間で良い結果を出すということは、患者さん御本人には勿論、スタッフ達にも良いことでした。

そしてさらに、今までとは別の方法でのより良い治療とは、どういうものなのだろうか――

それは一体どこなのだろうか――と日々考えずにはいられませんでした。

ある日の金曜日の朝。その日の朝一は、患者お一人で、早出はもえ先生でした。

上向きの状態でまず任脈を切経してみました。（任脈の治療には他の方法もあります。『ようこそ菜の花治療院へ』89頁）

特に膻中などに強い圧痛があり、もえ先生とそれぞれの左右の人指し指と親指の股状のところに、つい先週見つけた任脈の治療をしました。

その後、うつ伏せになっていただき、私はもえ先生とは別の治療、足裏の施術をもう一度チェックすることにしました。

どうしても知りたいことがあったからです。

背中の中央には督脈が流れており、腰辺りに命門という穴があります。（図1）

当院の足裏の命門と思う部位を棒灸で温めますと、腰の命門が温かくなり、「背中全体が温かくなりました」という患者さんもいらっしゃいます。

足裏のその中央の横並びが、当院では帯脈の治療に良く、ほとんど腰痛の人にはその部分の施術をしています。（図2）

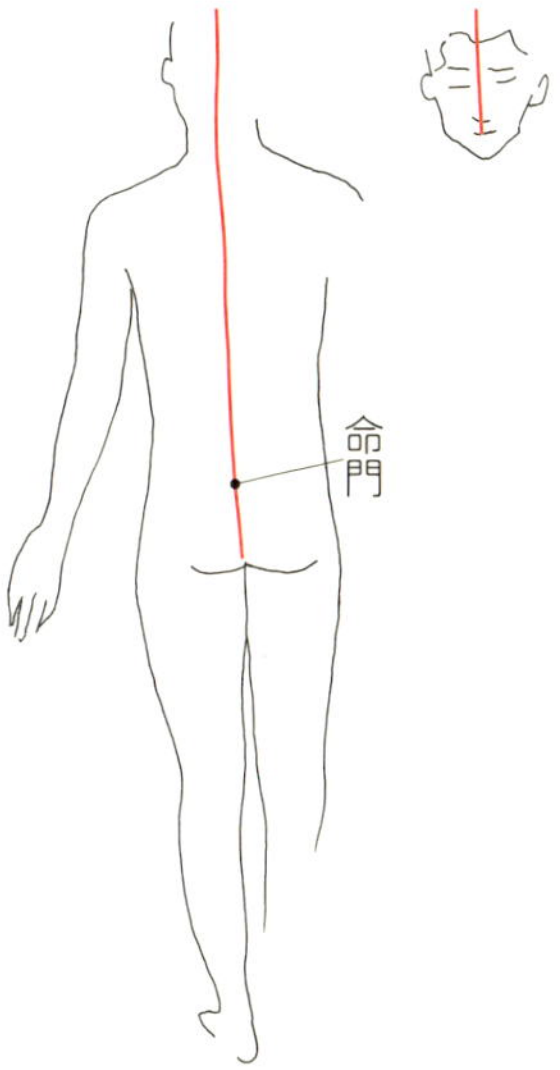

図1　督脈

背中の督脈の横は、膀胱経がそれぞれ二列ずつ並んで流れています。

当院では足裏でも二列施術しており、背中がやわらかくなる人もいますが、そうでない人も時折いらっしゃいました。

その改善されなかった主な部分の一部が、肝兪・胆兪・腎兪・三焦兪・肺兪などでした。

背中督脈の命門の横が腎兪です。もし足裏の帯脈の一部が命門だとすると、その命門のすぐ横を腎兪の治療穴と考え、私は腎経の始めの湧泉穴から次の然谷まで（図2）、細長い和紙を貼り、二列ほど和紙灸をしましたが、足の腎経は緩んでいませんでした。

手の第四指の掌のほうは、一、二度で緩む時もあるというのに――。

次は三焦兪を確かめたく、少し考えました。（図3）

三焦経の治療穴は、当院では掌の第四指と五指の間（図4）にありますが、私は足裏で知りたかったのです。

そこで、帯脈に良いと思われたラインのすぐ下に、和紙

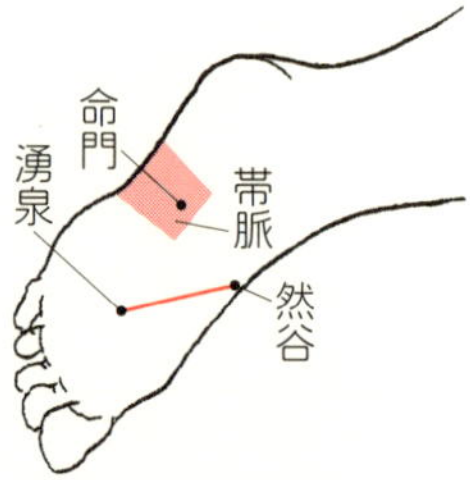

図2　帯脈

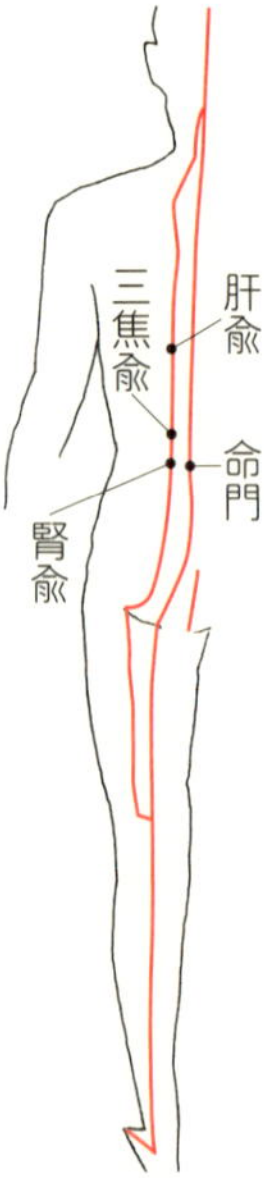

図3

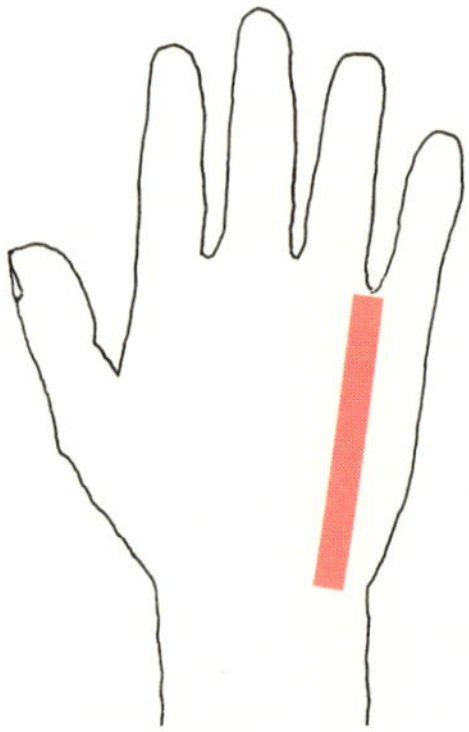
図4

灸をしてみました。（図5）背中の膀胱経では腎兪のすぐ上が三焦兪だからでした。（図3）

なんと、思いがけなく腕の三焦経と腰の三焦兪は、やわらかく緩んでいました。三焦経の治療は難しいラインですが、その緩み方はビックリするほどでした。

その日はそれで止めました。他に治療しなければならなかったからです。

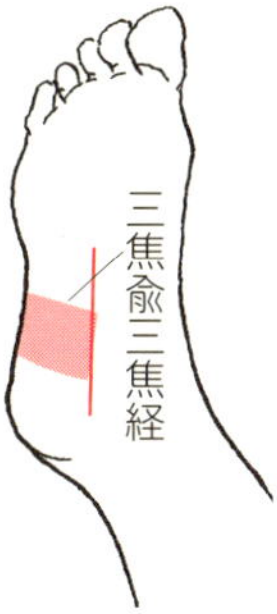

図5

その日の夕方、私は考えつく様々な治療穴を三枚書いてみました。

翌日の朝も二枚ほど書きました。その書き殴った紙を早出の恵子先生に見てもらいましたが、あまりにグチャグチャで、見る気も失せたように「フーム？」というお顔でした。（図6①）

その日のランチの少し前、二階でお茶とクッキーなどいただきつつ、その書き殴った紙を見ながら埒もない話をして過ごしました。話のしようがないほどの書き方だったからです。そし

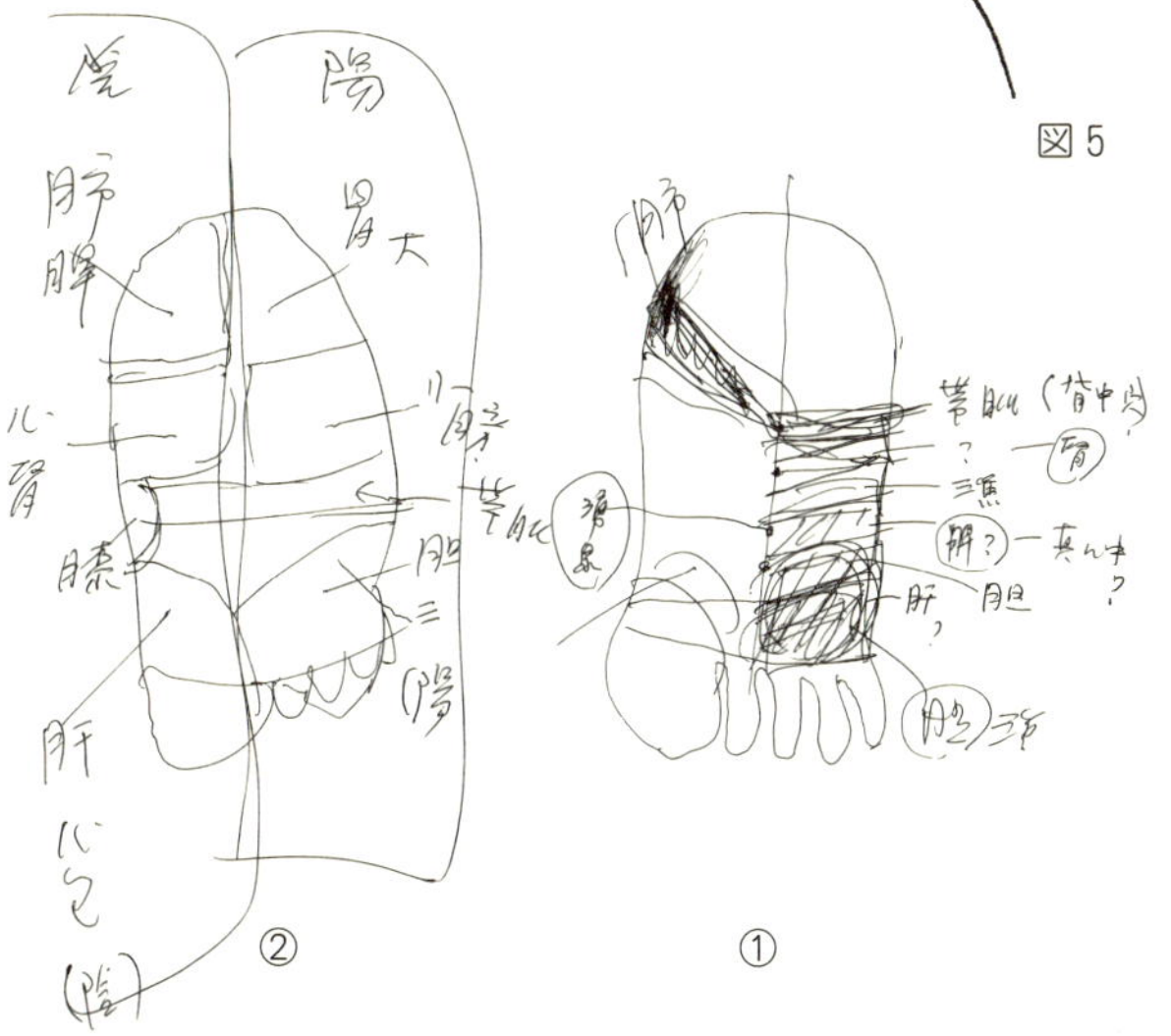
②　①

図6

て恵子先生が一階に降りていったその後、私の中で今まで判別定かではない兪穴、経絡とその治療法をバッサリと捨てよう！　それでなくては新しい治療法は生み出せない——となぜか一瞬にそう思いました。

それは私にとって、クラッとめまいがするほどの勇気が必要でした。幼虫からサナギになり、そのサナギが殻を破って予想もつかない外に向かってジャンプする感覚です。

息を止めて、一気に「エイ、ヤァー」。

すると突然兪穴などの文字達が、バラバラと床に落ちていくイメージがあり、その直後、それらの文字が磁石によってパタパタと引き寄せられ、つながり合っていくような、まるでDVDの映画を見ているような映像が目の前に広がりました。

それはあっという間のできごとでした。

私は床にペタンと座って、その辺りにあった紙片に大急ぎでメモをしました。テーブルの上は、少し前のお茶ごっこのカップなどで、書くスペースがなかったからです。

その文字達は、二年前、不完全ながらも書き残さずにはいられなかった「同名経絡」そのものでした。手持ちの確かなカードは、肝・肺そして三焦だけでしたのに……。

画を書くまでの時間は、多分一分もかからなかったと思うほどの一瞬のできごとでした。（図6②）

そしてその紙片を改めて書き直した図を恵子先生に渡しました。（図7）

その日の午後からは、その紙片通りの治療をしました。

　いつもは充分な施術ができなかった部分などが、ほとんど見たことのないような気に満ちて、豊かにやわらかくなった人も数名いました。

　しかし、治療が終わったのに、「まだここが二年前から痛いんですよー」という男性もいらっしゃいました。そこは膀胱経の承扶穴でした。私は「エーッ、二年前からなのぉー」と言いつつ、彼が「イティー（いたいー）」というところに、パイオネックスを一つベタッと貼り、治療は終わりました。

　それで安心したものの、その後、首が痛い、耳が——とか、めまいが——指がしびれます——などなど、その同経治療のみでは充分な治療ができないのだとも改めて知りました。

　新しい治療法が見つかるのは、夢も希望もありますが、まずは際限のない努力と忍耐も必要なようですよ。

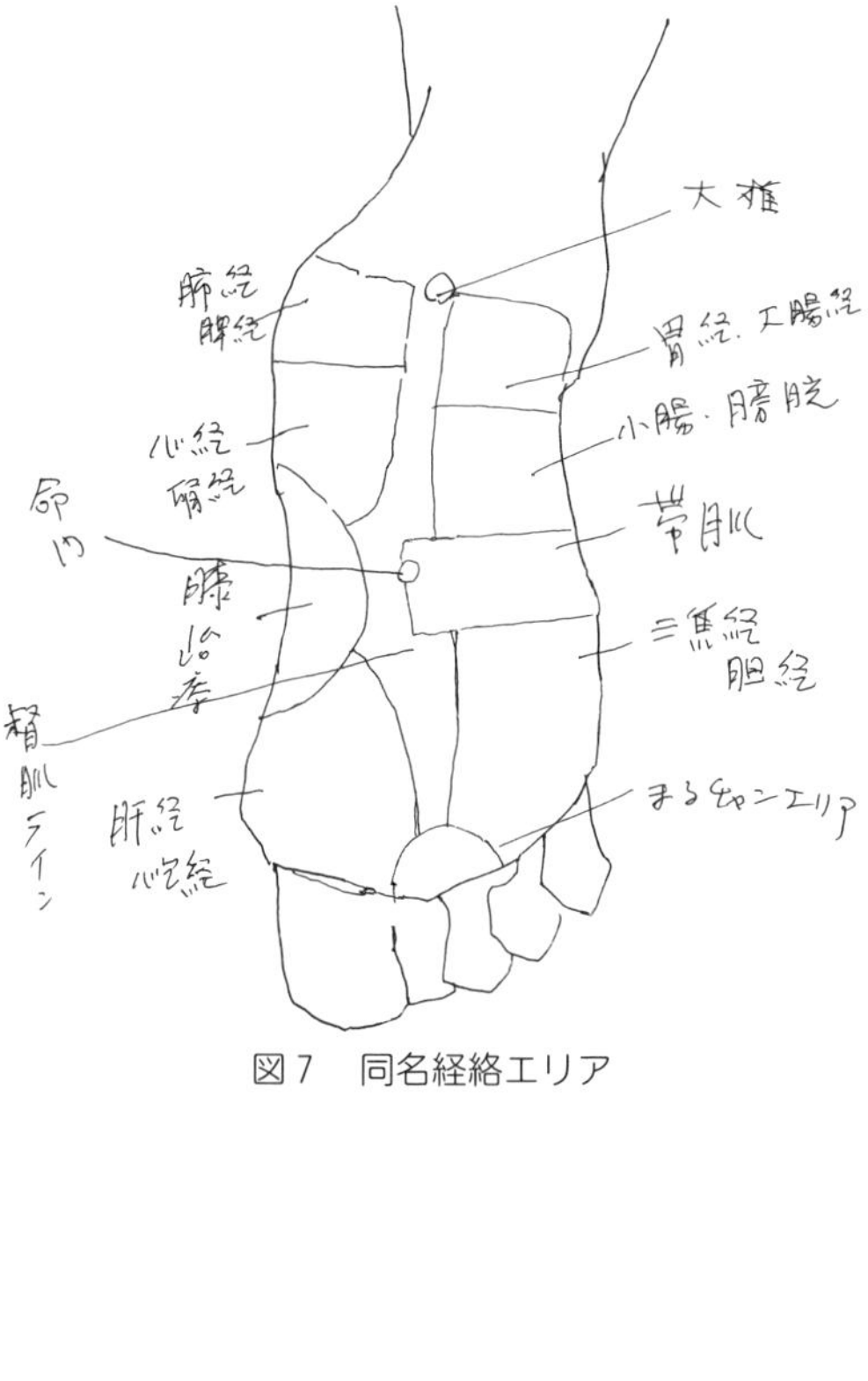

図７　同名経絡エリア

手の陽経の治療

　身体の中に流れていると思われる主な経路は、十二経あります。そのうちの六経は手（腕）にあり、足にも六経あります。さらに陰陽に別れていて、陰陽の考えでは、手の六経のうち、陽経の三経として三焦経・大腸経・小腸経があり（図1）、陰経は心経・心包経・肺経の三経です。

　手の陽経のうち、三焦経と小腸経は耳のほうに流れていく経絡で、耳を傷めている人には、どうしても治療して差し上げたい経絡です。（足の陽経では胆経が耳に関係しています。15頁図7）

　陽経小腸経の表裏の関係で、陰経は心経で、当院に来院される方の中に、その心経（精神・神経系統の病症など。例えば不眠症・不整脈など）が傷んでいる人が多く、それはハートフルライン（本書149頁）でかなり効果があり、喜ばれています。

　一方、小腸経は当院での治療は足の下肢の部分（図2）

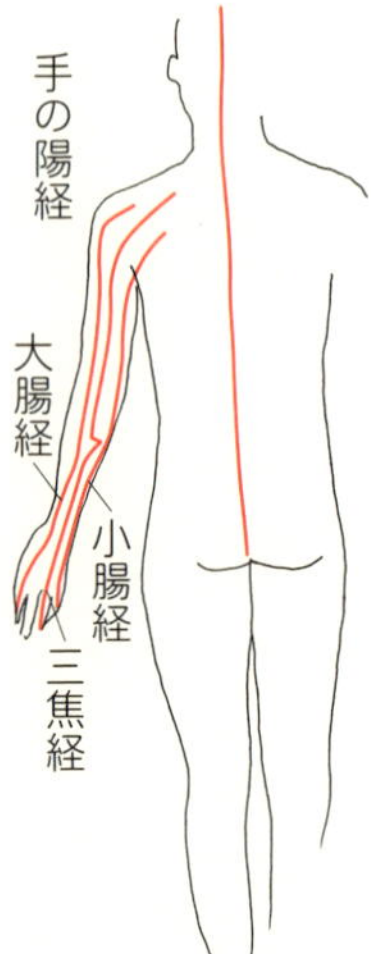

図1

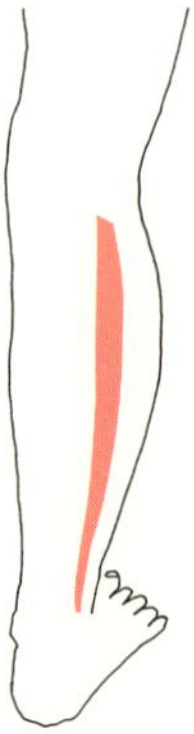
図2

で治療し、一応効果があるものの、治療後もその経絡の途中にある肩貞穴（図3①）にまだ圧痛が残っている場合もあり、充分とは言えないところもありました。

その小腸経の天宗（図3②）のみの治療は、足の親指の根元（図4）の和紙灸五、六粒で、ほぼしこりはなくなりますが、一度の施術で小腸経が改善されるエリアはないだろうか——と考えていました。

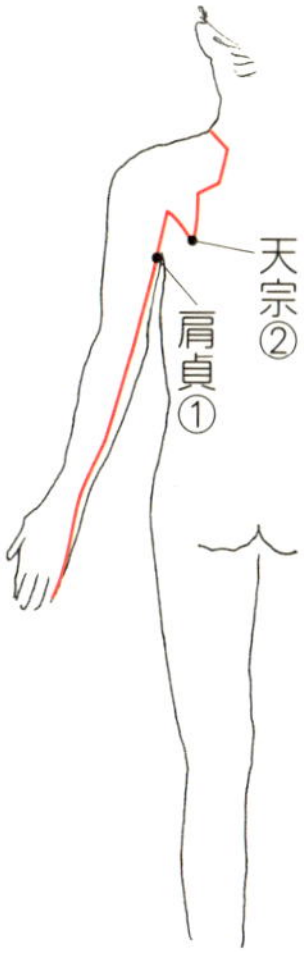

図3

図4

ある日の午後一時からの患者さんは、腕の三経がどれもカッチンと張っている女性で、治療も難しそうでした。

私は思い切って、三経の一つの小腸経の肩貞穴に良いと思うエリアに、少し大きめの和紙灸をしてみました。（図5）四センチ四方の和紙でです。一度では治りませんでした。二度施術してみました。すると腕の小腸経も足もタポタポと緩んでいました。

それを見たスタッフも驚くほどでした。

その後、再び腕を切経してみましたら、三焦経が盛り上がって腫れていて、その経絡全体に圧痛がありました。

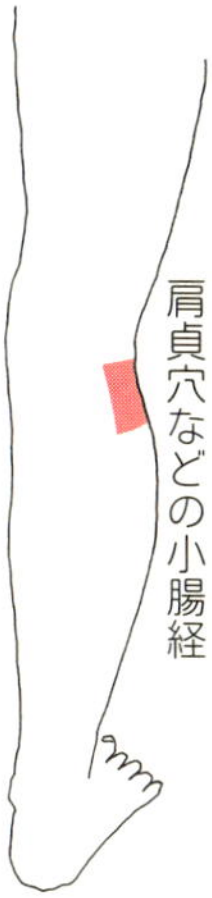

図5

私は先の小腸経のようにやわらかくなる治療エリアはないだろうか――と少し考え、膝の上側のほうも見ていました。

そして私は膝の外側を二・五センチほどまたいで、膝より少し上のほうを施術してみました。和紙は同じ大きさです。

患者さんの腕の三焦経は、小腸経と同じように緩んでいました。その後さらに、その少し上、中瀆寄りに施術しました。大腸経に良い！　と思ったからですが、外側広筋と大腿二頭筋腱の前方辺りで、腕の三本の陽経は、すべて緩んでいたということです。（図6）

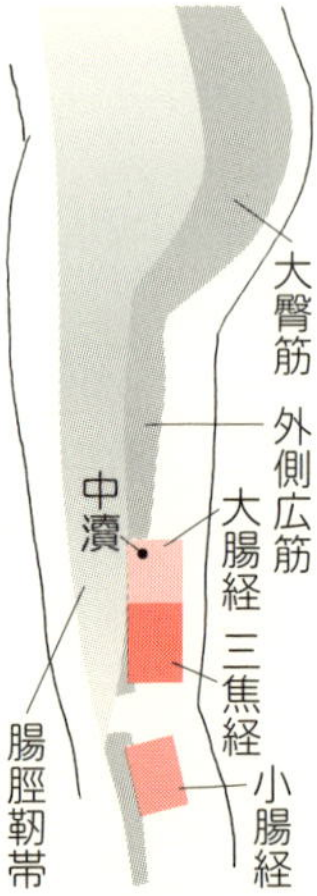

図6
上肢による三焦経・大腸経の治療

彼女は、その部分がいつも固く張っていて揉手で揉んだり、擦ったりしていました――と言っていました

次の時間の患者さんに、もえ先生が何やら施術しているのを見た私は、「もえ先生、今何をなさっているのですかぁー」と聞きましたら、「先程のあの治療ですぅ」だって。

先程の――って言ったってねぇ。やっぱり名前を付けなくてはね、と。

その患者さんは、林さんという名前です。それで「林さんてのはいかがかしらねー」と。

その次の人から「林さんのー」で、みなで了解というわけです。

治療名、「林さん」は大活躍していますが、スタッフは「知らないのは、林さんご本人ですねー」と嬉しそうに笑います。

不思議なことに、腕の陽経の三経は、腕と同じく縦に並行して並んで流れていますが、治療エリアは足に沿って、治療穴が上中下と前後してありました。（図7）

私は恵子先生に「腕は並行して経絡があるのに、治療穴は縦って不思議ですねー」と言いましたが、その返事があったのか、なかったのか、私が聞き逃したか――少しも覚えていません。嬉しすぎて頭が満杯になったのでしょう。

宇宙は、私の思考の範囲内で、ひとひねりもふたひねりもするみたいですよ。

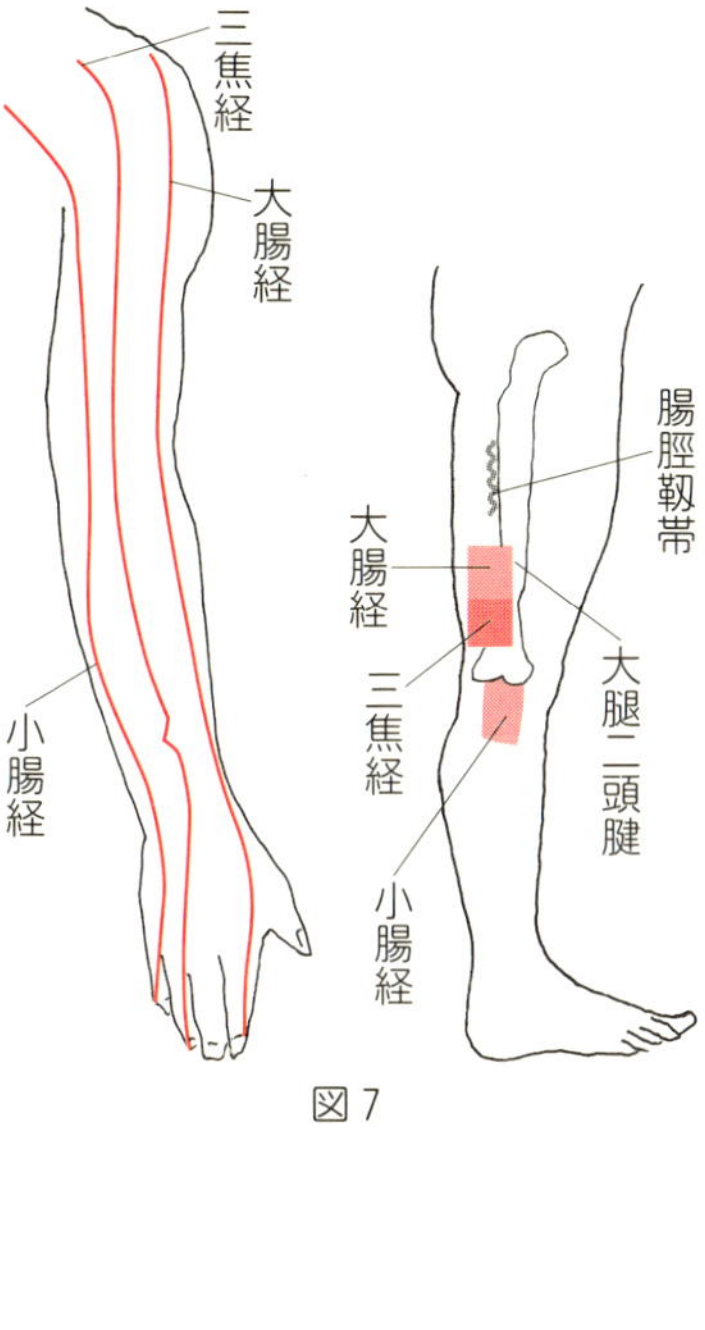

図7

【ふくらはぎ】

掌の秘密　めぐみちゃんライン

その一

そう、かれこれ四年も経つのでしょうか。減量が思うようにいかず、悩んでいる女性が来院されています。

その方は、腰のだるさ、張り、膝の傷みなどを、その都度訴えていましたが、その部分に直接灸や鍼などの施術で、一時的に良くなるものの、思ったような改善までには至りませんでした。ところが最近知り始めた手での施術では、いろいろな部分に良い反応があり、その方も時折治療中に、嬉しそうに笑うこともあるようになりました。

掌での治療を知り始めたある日のこと、固くむくんでいる掌の中央部分の〝労宮穴〟に強い反応があり、その経絡の心包経がパンパンに張っているのが判りました。（図1）

私はその〝労宮穴〟より少し中央寄り（第三指の真ん中）に細長く切った和紙を一列に並べ、二度ほど灸をしてみましたが、全く熱がりませんでした。「よほど傷んでいるのかしらねー」と、もう一度灸をしました。

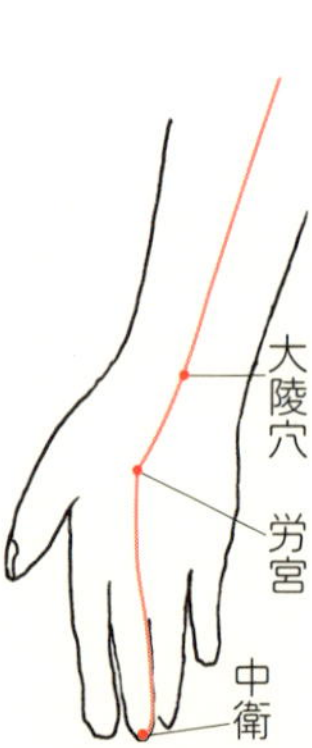

図1　心包経

その施術でどこが改善されたか——といいますと、なんと心包経ではなく足でした。足のふくらはぎ、〝承山穴〟から踵までが緩んでいたのです。
それは思いもよらないことでした。（心包経は緩みませんでした）
それを見たもえ先生は「（ふくらはぎが）ペチョンペチョンに緩んでいますよー」だって。

※当院では一応督脈の治療が、ふくらはぎの承山穴からですが、その人は督脈があまりに悪すぎて判別できませんでした。

その二

介護の仕事に携わっている人達は、かなりの重労働のようです。

時折来院される四十歳くらいの女性は、いつもフラフラとベッドに伏してしまいます。

肩・腰・足などが固く張り、毎日が大変な仕事なのだろう——といつも思いやってしまいます。

その日一応、身体全体が緩んだものの、足のふくらはぎの張りが残っていました。その時、最近見つけた掌の部分の真ん中、第三指中央から手首大陵穴までの和紙灸で、承山穴から踵までが、もえちゃん先生の言葉を借りるなら「ペチョン、ペチョン」に緩んだことを思い出して、そのラインに三回チョン、チョンと和紙灸をしました。（図2）

しかし、承山穴から上のほうまでは緩んでいないのが気になっていて、一体それはどこのラインなのだろうか——と考えていました。

　掌の中の経絡は、ほとんど埋まっていて、労宮穴が通る第二指と第三指の間、その労宮穴の上を通るラインの少し中央寄りが残っていることに気がつき、同じように和紙灸をしました。（図2）なんとその結果、ふくらはぎどころか、下肢の上のほうまで美しく緩んでいました。

　その方は、めぐみさんというお名前です。ご両親が女の子の幸せを願って、付けたのだと思いますが、その日、私はそのめぐみさんというお名前のご相伴に預かったというわけです。

　お帰りになる時、彼女は「ふくらはぎが固く、重くって、歩くのも辛かったんですがー」だって。

　「介護のお仕事頑張ってねー」と祈るような思いで、声だけの見送りでした。もうすでに次の人の治療が始まっていたからです。

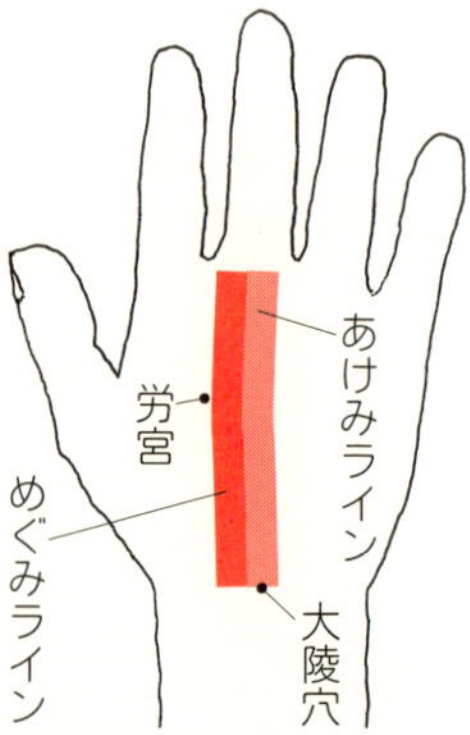

図2　手の掌側

※〝労宮穴〟ですが、ある本では「第三指と第四指の指尖が手掌にあたるところの中間」とあり、別の本では「第二指と第三指の間」とありますが、中国と日本の取穴が異なる場合があるそうです。しかし、いずれにしても、めぐみちゃん達のラインは〝労宮〟には接していません。

【膝周り】

鶴頂ライン

その一

胃経（図1）のことになりますが、なかなか改善されなかった患者さんの足をよく切経してみますと、胃経と脾経の中央でピーンと張ったラインに触れます。

　ある時、膝の中央にある奇穴、鶴頂という穴の周りに原因があるのではないかと気づきました。これを知るだけでも、かなりの月日を要しました。


　当院での手の指での胃経治療は、第二指、人指し指のほうでかなり改善されますが、その胃経の治療後、緩まない人の足を切経してみますと、膝頭が固く張っていて、それが原因の時もありました。

　膝蓋骨上縁の正中陥凹部が鶴頂という奇穴の部分ですが、（図2）そこは大腿四頭筋膜などが附着しており、大腿直筋などと重なり

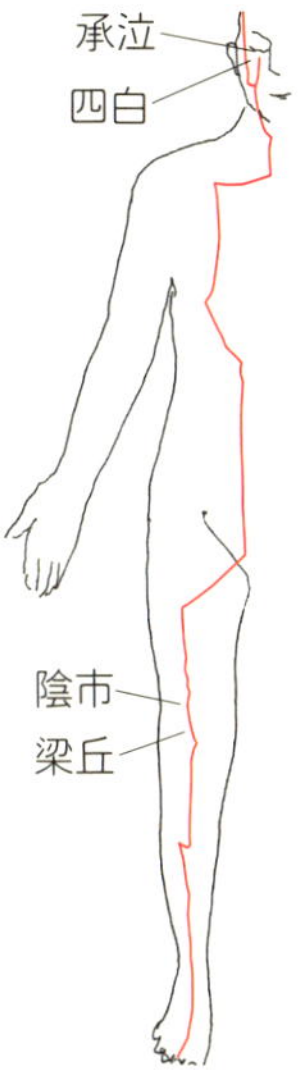

図1　胃経

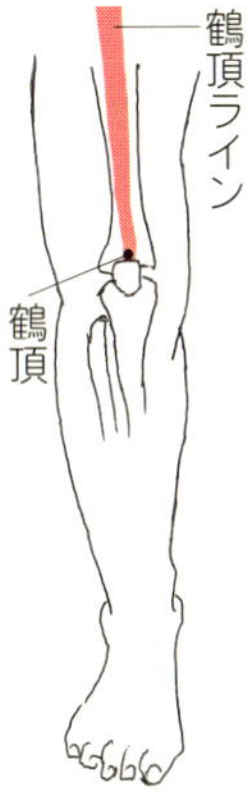

図2

ながら、鼠径部につながっているようでした。

私は、その膝の上の鶴頂周りに気が巡ると、胃経は案外改善されるのではないだろうか――と思いました。

これはあくまでも当院の考え方ですが、人指し指の甲が胃経だとすると、掌のほうは足の脾経ということです。

足のほうでも外側が胃経、内側が脾経（図3）です。

ということは、人指し指の甲の胃経と、掌側の脾経の真ん中が鶴頂となるはずです。それしか考えられませんでした。

そして幾度となく、その人指し指の内側に和紙灸をしてみましたが、全く鶴頂回りは緩みませんでした。

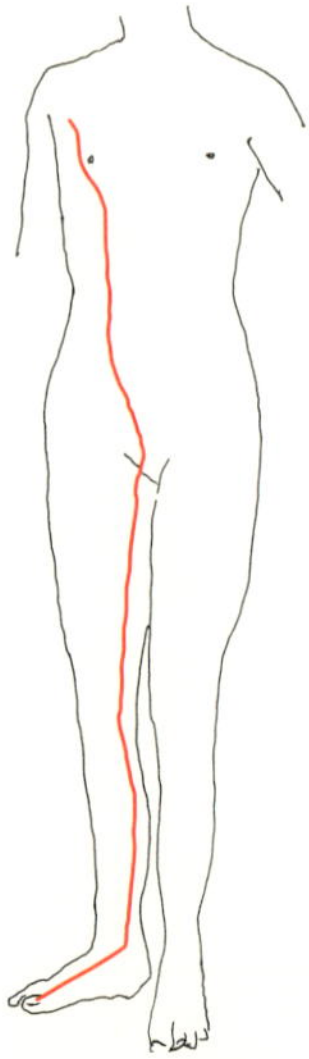
図3　脾経

二、三週間経ったある日、もしかしたら太い指である親指のほうに鶴頂まわりの治療穴があるかもしれない――と全く説明のつかない思いつきですが、突然そう思ったのです。
それは、もつれた糸くずの最初の糸が、思いがけなく爪の先にひっかかったという感じでした。

そしてある日、私自身の親指の肺経の少商穴から手首の太淵穴まで、一直線の中央寄りに和紙灸をしてみました。（図4）

そして鶴頂がある程度緩むのを知ったのです。宇宙も私のしつこさに根負けしたのかしらねー。

十二月中旬、胃経の傷んでいる女性が、夕方来院されました。

まず、胃経の人指し指の施術を二度ほどしましたが、その胃経は緩みませんでした。

次に鶴頂を切経してみますと、上腿神経に触れたらしく、とても痛がりました。

いよいよ鶴頂ライン治療の出番かと、少しドキドキしました。（図5）

親指のその線上を二度施術しましたが、全く熱がりません。私はもう一度、和紙灸をしました。

「少し熱くなりましたよー」というのを聞き、鶴頂に触れてみました。

驚くことに、固かった胃経も、そのライン上の梁丘あたりの外側広筋もやわらかくなっていました。（図6）

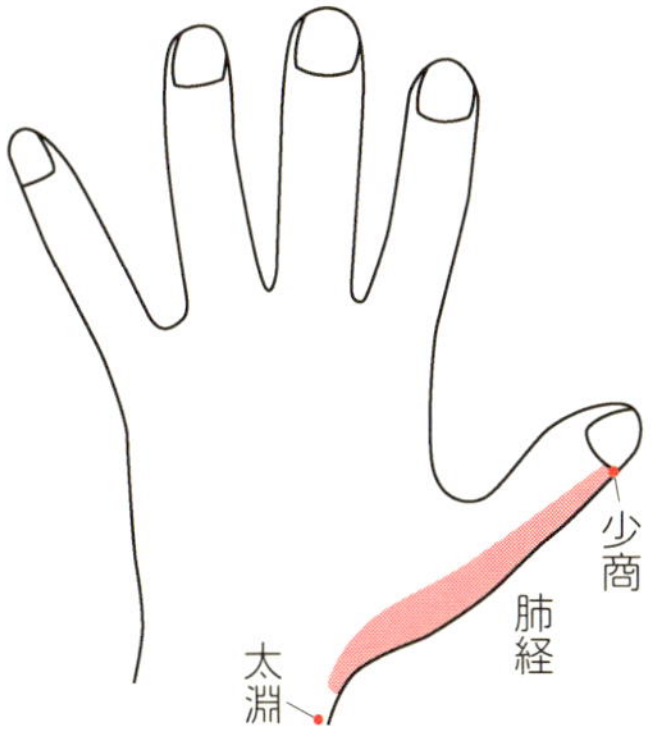

図4

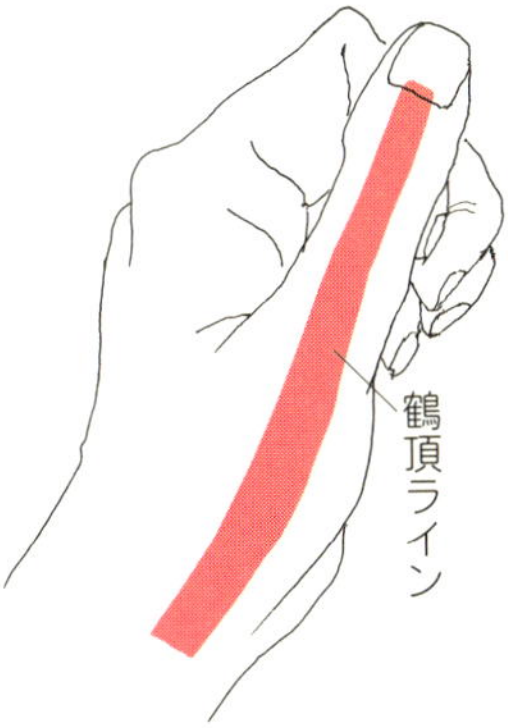

図5

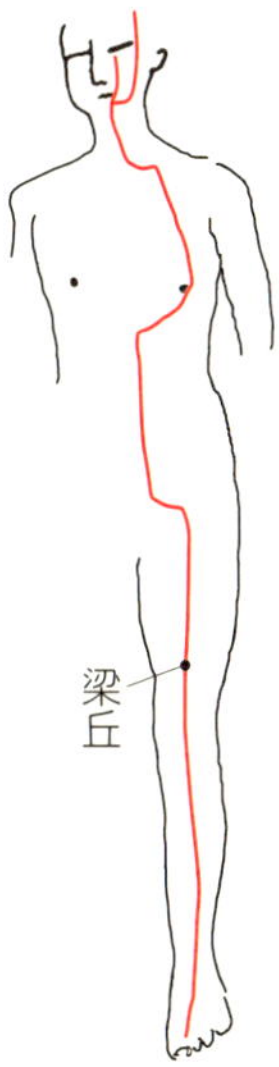

図6　胃経

先に胃経の治療をしていたからでしょうか——。その女性、ベッドの上で、治療の終わった片方の足を日劇のダンサーのように、ビューンと蹴り上げ、「あらぁ～、よく上がりますわぁ～」と、上品な女性に似合わぬ仕草に私もビックリ。

そしてベッドに座り、「膝が固く、どうして足が上げられなかったのかしらと、ず～っと思っていましたのよ～」と、嬉しそうにお帰りになりました。

初めはその女性の名前をつけていましたが、いつの間にかスタッフ達は「鶴頂ライン」と言っています。

迷いに迷ってようやく探し当てたラインで、「コロンブスの卵」？　じゃなくて、「鶴の卵」ですよー。

しかし、人指し指と親指の関係をよく考えてみますと、〝おかしな理由〟でもなさそうです。当院での考えでの話ですが、人指し指の甲側は陽明胃経、そして掌側は太陰脾経、一方親指の甲側は陽明大腸経、掌側は太陰肺経です。

甲側はそれぞれ陽明、掌側は太陰となります。足のほうでみてみますと、外側が陽明胃経、内側が太陰脾経で、同名経絡でいうと、やはり仲間だったということでした。

しかし、その時も「同名経絡のみではないのではないだろうか？」と考えていました。「しかし、なぜ手の親指で鶴頂ラインが治るのだろうか？」と考えると、いつも頭の隅にニョゴニョゴと動くものがありました。それは、「もっと面白いことがあるよー」と言ってんのか、それとも「さらに勉強せよ」と言ってんのか、どっちなのかしらねー。

その二

通常、膝頭と言われている骨、膝蓋骨の先上に「鶴頂」という奇穴のあることは先に書きました。

解剖学的には、上腿神経の前皮枝が分布しているようです。

鶴頂ラインを見つけてから後の話になりますが、七十歳代の男性が来院されました。

彼が申しますには、「もう四十年も前から膝が痛くて足が真っ直ぐになりません」と。

特に右足が曲がったままで、全身の切経では、どの部分にも圧痛があり、どこをどのように治療しようかと迷ったほどでした。

ベッドに上がるのもままならず、恵子先生と一緒に「よいしょ」とかけ声をかけながら抱き上げたほどでした。

そして、どのように治療したのやら、全く記憶がないほど大急ぎで治療しました。一時間以内のことですので、仕事が終わり、お帰りになる時の恵子先生の話では、「まるでライブのようでしたねー」だって。

私は、どんなライブでも心からウキウキするようなリズムがあり、この年寄りだって、はた目を気にしながらも踊りたくなるような音楽がありそうに思いますが、美しく束ねた、恵子先生の髪の毛なんぞは、八百屋お七のようなバサバサ髪になってしまっていました。

その時気づいたことは、右足の鶴頂ラインが、割り箸が入っているかのように固く張り、手のほうをみてみますと、手の肺経の太淵穴から尺沢まで（図1）、またまた同じようにパリンとしていました。

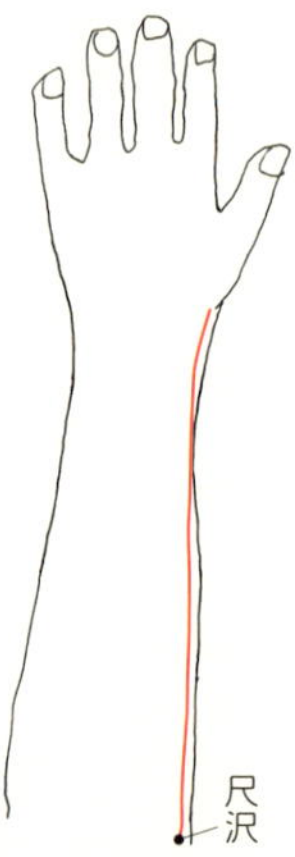

図1

私は、真っ直ぐにならないその腕を強引に伸ばし、親指からそのライン上の肺経の尺沢まで、二度の和紙灸をしましたが、足は少しだけ緩んだだけでした。

私が「若い頃、ひどい風邪をひきませんでしたかぁー」と聞きましたら「そのように思います」だって。そう、四十年も前ということは、その方は三十歳代で、風邪をひいたぐらいで仕事を休むなどとは考えもせず、頑張ったのでしょう。

肺経が傷んだ場合、その経絡の親指から尺沢のほうまでが、固く張る人がいますが、それがどのような理由で鶴頂まで傷むのかは、その時はまだ判っていませんでした。

その方は、来院の度にお元気になって、今は夜中もぐっすり寝られるようになり、奥様の話では、「痛さで毎晩うなっていたのがなくなりました」と言っていました。

彼は、「もっと早く来ると良かったのになぁ～」と言うものの、来院の度に「今日も地獄へ来ましたよー」とニコニコ顔で言うのですよ。

地獄と言いいながら嬉しそうに来院されるということは、私達って、地獄に住む天女達？

私は、肺経が傷んでいる人は、なぜ鶴頂ラインが張るのだろうか――と毎日考えずにはいられませんでした。

そしてある時、肺経の最初の穴「中府穴」（図2）に原因があることに気がつきました。

中府穴は大胸筋・小胸筋上にあります。

一方、胃経の気戸穴（図3）は、肺経の「中府穴」とやや同じ高さにあり、解剖学的には大胸筋の起始部のようでした。

次の胃経の庫房穴・屋翳穴から乳根穴までが、大胸筋の支配にあるということが判りました。

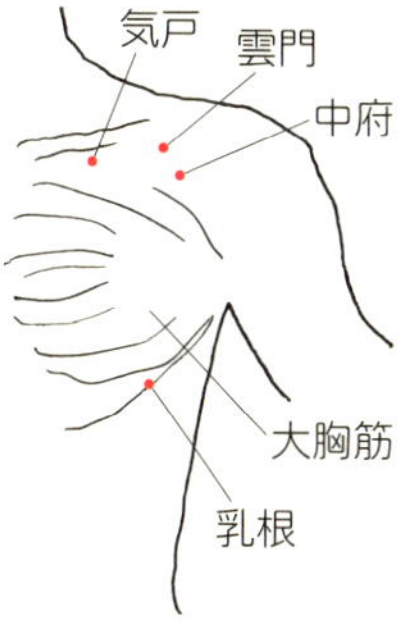

図2

中府（肺経）気戸（胃経）は大胸筋、雲門（肺経）は三角筋と大胸筋の間にある

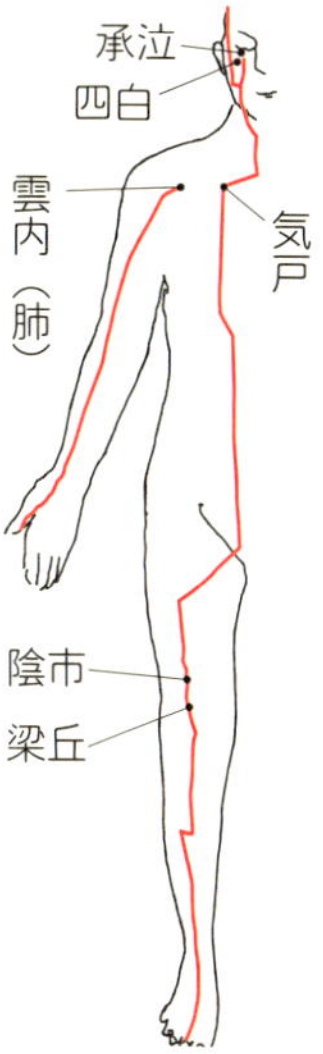

図3　胃経

ということは、肺経が傷んだ人は、隣の胃経をも傷めるということを知ったのです。

胃経の下肢は大腿直筋と外側広筋の間、また、鶴頂ラインは大腿四頭筋腱のほぼ中央、鶴頂穴へとつながります。どちらも大腿四頭筋に含まれていて、付着部が膝の中央か、その外側かの違いだけでした。そのため、大胸筋と小胸筋上の肺経の治療で、鶴頂ラインの膝周りが緩んだのではないかと思いました。


そのことを知った私は、スタッフに知らせますと、恵子先生は「異母兄弟ですね～」だって。

なぁんと素敵な言葉でしょう。恵子先生も思わずこぼれた御自分の言葉に、嬉しそうに笑いました。

そして私は、風邪をひいた際、胃が悪くなる理由も少しは理解できました。

その三

先日、「もう一年も病院に通っていますが、膝が痛くて座ることができません。近いうちに手術ですの」という七十歳代の女性が来院されました。

膝頭を見てみましたら、鶴頂のところが少し腫れ、シュークリームの蓋のようにフカフカしていて、切経するには痛そうでした。

その部分に四センチ四方の和紙を貼り、その上に十二個ほどの小さな灸を二度ほど、恵子先生と左右それぞれに別れて施術しました。

その後、その方に、ベッドに膝を折って座っていただきました。

初めは恐る恐るでしたが、二度目にはスンナリと座れました。

彼女は「もう一年も病院に通っていましたのにー」だって。

その方は、やはり肺経が傷んでいました。肺経の「中府穴」から一気に「鶴頂穴」に邪気が飛んで、着地って訳ね。

経絡の穴に名前をつけた人って、案外〝鶴〟という飛ぶ鳥に意識があったのかもしれません。

【膝】

ピンクの猿ぐつわ

この件につき、本に残すことが良いことなのかどうか――としばらく迷っていましたが、記憶し、ついつい私の口から出てしまったことも、思い出になると思い、書くことにしました。そのワンシーンです。

最近テレビで政治家などが、うっかり口にして辞職したりしますが、そこの部分だけを切り取りますと、当院は悪い噂で、即、廃院になることでしょう。

膝の場合、当院でもその治療法は何通りかありますが、今回はその一つ、かなりの体重で下肢全体が太く固く、いつも膝の痛みを訴えている、ある女性の治療の話です。

もう何年も前から来院されていますが、食生活の乱れか、あるいは何か私達の知らない理由なのか、一向に体重の減少はままならず、様々な助言や当院の思いなどが、その方には充分には伝わっていない様子が続いていました。

そのため、腰痛（主にだるさですが）、膝痛、足首の痛みを常に訴えていました。

身体全体の気は流れているようにはみえず、多分どの経絡を切経してみても傷んでいるようでした。

来院されて治療後の二、三日は、ある程度改善されて、「仕事もできました！」と言っていますが、一、二週間後には同じように元に戻るようでした。

今日はなんとしてでもその方のために、新しい良い治療方法をみつけようと思いました。

まずベッドに上向きに寝ていただき、足を切経してみました。

鶴頂あたりが固く縮まっています。

最近見つけた鶴頂ラインも、ピーンと鼠径部まで伸びて張っていました。

まず、鶴頂ラインの治療から始めました。（本書43頁図5）

それは手の親指の真ん中のラインです。そこに和紙を真っ直ぐに貼り、小さな灸を二度ほどしました。（図①）

鶴頂ラインは少しだけ緩みました。

次は、これも最近見つけた、膝の治療に良い！　と思われる第二指の第三関節（図②）に、バンドエイドのようにグルリと和紙を巻き、十個ほどの小さな灸を二度施術しました。

それからおもむろに、私の指でその付け根をグリグリとマッサージをしました。

普段は、スタッフ達も黙々と仕事をして、静かかな？　治療室ですが、優しいはずの私のマッサージも彼女は「イ

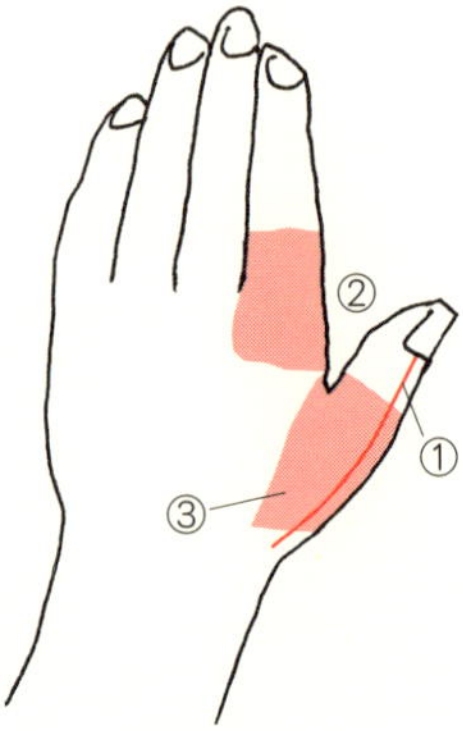

図

タ～イ、イタ～イ」と大騒ぎです。と、もえ先生が、そろーっとカーテンから顔を出して「〇〇さん、大丈夫ですかぁ～」だって。

私は思わず、「もえちゃん、患者さんの味方って、やめてくださーい。あのねー、この方にピンクのリボンの〝さるぐつわ〟で口を塞いで下さいなぁ～。大騒ぎの声が病院の廊下のほうまで聞こえたら大変です。〝所さん！大変ですよ〟どころではありません」と言ってしまいました。

隣の患者さんも恵子先生も、少し困った表情をしていたもえ先生も大笑いでした。

マッサージしながら判ったことは、肺の治療に良いと思われる親指の付け根のところ（図③）のほうも、特に痛がっている——ということでした。

彼女は肺経もかなり傷んでいたからです。

私はさらに「愛ですよ～。愛だからね～」と、少し面白がっての二、三分後、彼女は「あら！だんだん痛くなくなってきましたぁ～。指もなんだかすっきりですぅ～」だって。

私がおもむろに膝も見ましたら——なぁんと、痛くて固く張っていた膝も、パンパン・テラテラと光っていたふくらはぎも、つきたてのお餅のようにポタポタになっていました。

その足を見たスタッフ達は大喜びでした。これほどまでに緩んだ足を見たのは初めてだったからでした。

実は膝の脾経の部分が、手の指の脾経と思われるところで治るということに、私自身が驚きました。

手の第一指・第二指の付け根で、膝の痛みが改善されるということは、その治療に苦労していたことを考えると幸せでした。

それは同経治療（肺と脾は同名経絡）という名の下で、指も膝も全く異なった部位とは言え、太陰肺・脾の考えで、膝に触れることなく指のみで治療が可能ということになり、改めて二年前の同経治療の気づき（『ようこそ菜の花治療院へ129頁）に感謝した次第です。

そして毎日のように、彼女の膝のことに思いを寄せ続けられたこと自体、私自身幸せに感じました。

治せて良かったねーちほ子さん！　じゃなかった。治って良かったねー、〇〇さ～ん。

その他の膝の治療

その一

胃経に関係する膝の治療の話です。

夕方、ほぼ一年ぶりの女性が来院されました。

彼女は「忙しすぎて来れなかったのです」と言いましたが、切経では全身の気の流れが悪く、身体中ガチガチで、固く張っていました。

約一時間内の施術では充分な治療もできず、私は「また近いうちにいらしてくださいねー」と言って別れましたが、その二週間後に来院されました。

治療の最後の時、「あらあら、お膝（右側）も悪かったのですねー」と、人指し指の根元を和紙灸で施術した後、馬油を塗り、マッサージをしました。（図1①）

すると彼女は「今、先生何をなさっているのですかぁー」と聞いてきました。

私は「お膝の治療ですよ。この人指し指でお膝が治るのですよ」と言いましたら、彼女は「先日から、その人指し指の

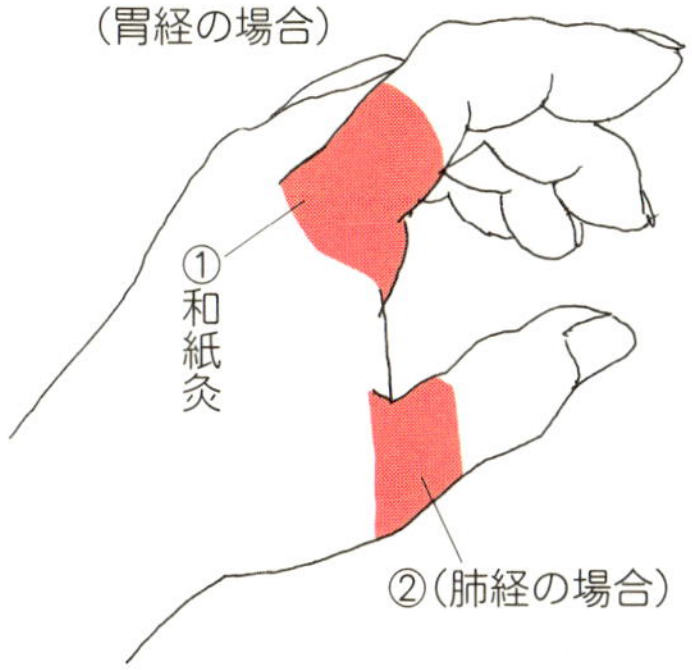

図1

根元が痛くて、揉んでみたり、押してみたりしていましたの」だって。

へぇー、御本人は気がつかなかったのでしょうが、その部分は、当院では膝の治療の一つなのです。

不思議ですね。そこが膝の治療に良いとも知らずに、御自分の手が身体の傷んでいるところにいき、癒やそうとするのです。

私はたまたま思いついた指の治療が、嘘ではなかったのだ——と少しだけ嬉しく思いました。

どちらにしても胃経の人指し指の根元の周りは、お膝には良いようですが、親指の根元も良いみたいです。（図②）

親指の場合は、肺経が傷んでいる人が多く、、人指し指の場合は、胃経が悪い人が多いようでした。

その二
八十歳後半の老婦人が度々来院されます。
今回、その方は「膝の外側（胆経）が特に張り、歩くのも不自由で転びそうになりました」と。
長い間膝が傷んでいる人に、その部分の和紙灸・鍼の施術でも思ったような改善が見られない時もあり、今回は、当院での胆経の治療に利用する小指側の治療エリアを探してみることにしました。

以前から時折その部分を施術する方もいましたが（『菜の花治療院』77頁）さらに丁寧な切経が必要と考えたからです。

膝の外側には胆経（図2）が流れていますが、その方の足裏での胆経の反応が少なく、では同経治療（本書33頁図7）の場合の胆経では、どのようなメッセージが隠されているのだろうか、と思ったからでした。

そして、足の小指周りの切経では、中足骨から指先までの間の第五指全体、小指の爪先まで強い圧痛のあるのが分かりました。（図3）

その部分を棒灸で温めながら、少し強めのマッサージで二、三分続けると、膝中央外側がかなり緩みました。

不思議なことに、第四指には圧痛がありませんでした。

では、どの人も同じなのかといいますと、全く反応のない人もいて、その都度考えながらの仕事ですが、身体の不思議を知る良い機会にもなりました。

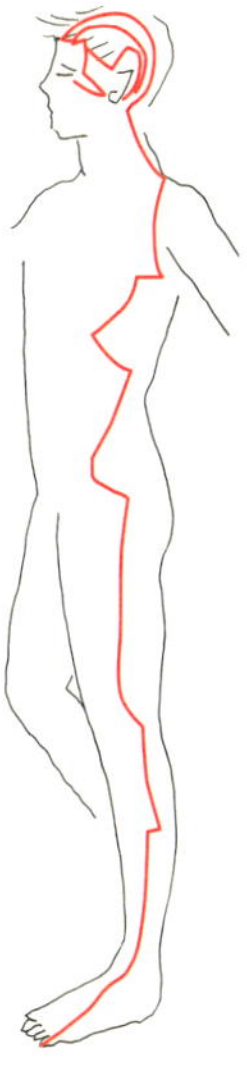
図2

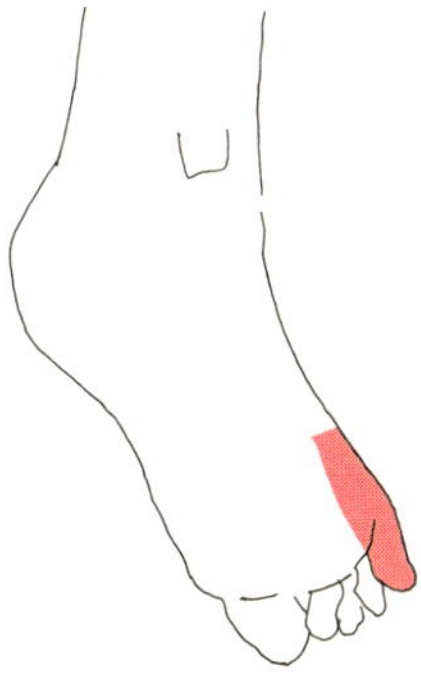
図3

胃経の治療の話

胃経の治療のことになりますが——。

ある時、もえ先生が「なかなか思うように胃経が緩みません。鶴頂ラインもしてみましたがー」と、スーッと近づいて言ってきました。

私は「鶴頂と胃経と胆経をそれぞれ治療してみると案外良くなりますよー」と伝えました。

それから二、三日経ってから、またもえ先生が「あの三経を治療してみましたが、まだ胃経が緩みません」だって。

私はその時「しかしねぇー、胃経と胆経の間に私達の知らない経絡があるとでもいうのかしらねー」と言いつつ下肢を切経してみました。

それは、外側広筋の外側のほうにあるラインでした。胃経でも、胆経でもなさそうに思いました。

ではそれをどこで治せというのだろうか——。

胃経にそって足の下のほうまで切経してみますと、足三里の下方の外側（豊隆穴）から、くるぶしのところ、少し斜め上（解谿穴）に固い筋がありました。

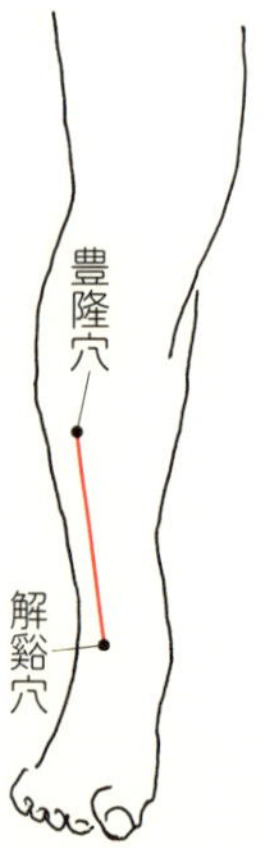

図

その線上に一度、細長い和紙灸を試みたところ（図）、膝上側がペタンと平らになり、胃経が緩んでいました。

どうしてその部分で、外側広筋の外側が治ったのだろうか——。考えても判りません。

その後、そういう方が続いて来院されていますが、今までチャッチャカと施術していますよー。

なぜだか知らずに治療していますが、良かったわぁー。

【臀部】

大天使？　サトデンとリコライン

もう十年以上も前のことですが、時折あることが思い出されます。そう、大天使ミカエルのことではなく、臀部の大転子《だいてんし》のことです。

昨年の秋、ある女性が、「ここが痛いんですぅ～」と、腰のあたりを指でギューッと押しながらベッドに座りました。そこは、臀部の大転子を中心に固く張った部分でした。胆経の走る経絡でしたし、一部は当時治療院で見つけた第三膀胱に少しひっかかるラインでした。

足裏でそれら二経（胆経と第三膀胱経）の治療を二、三度施術してみても、その時は七割ほどの改善しかみられず、私はそれ以上の治療はできませんでした。

しかし、毎日の生活のなかで、少しずつでも改善されるといいなぁ――と思いつつ、その部分にパイオネックスを置き、他の治療をしてお帰りになっていただきましたが、その翌週も、先日の治療で治りきらなかったせいか「まだここがー」と言って来院されました。二度もです。

私は、今日はどうしてでも、その治療穴を見つけようと思いました。

まず、大転子そのものの足裏での治療穴はどこなのだろうか――。

そして、指が引っかかったところは、踵の先、外側の小さなしこりでした。※1（図1①）

そこには小さいながら圧痛がありました。私は、その小さなしこりに、それより少し大きめの和紙に四個ほどのこれも少し大きめの灸を乗せ、二回ほど施術しました。

なあんと、あの大転子は一体どこへ消えたのでしょうか——と思うほど緩んでいました。

嬉しくなった私は、その患者さんのお名前の佐藤さんを取って、「サトデン」という名をつけました。

その名前を聴いた彼女。「なんだかあまり好きになれないわぁ〜」だって。

私は、「ありゃ〜。私は乗ったことはないけれど、鎌倉と江ノ島を繋ぐ『江ノ電』っていう電車は、みんなに可愛がられているってよ。ホラ、なんとなく似ているでしょ」と言いましたら、彼女は頷きながら、「そうねぇー」という顔をして、ニコッと笑いました。知ってか知らずか、『臀』と『電』とは、全く違うんですがねー。

その後すぐに女性二名が来院されました。

驚くことに、先のサトデンの患者さんとほとんど一緒の部位の圧痛を訴えています。それはすぐにでもスタッフ達に指導しなさい——と言わんばかりでした。

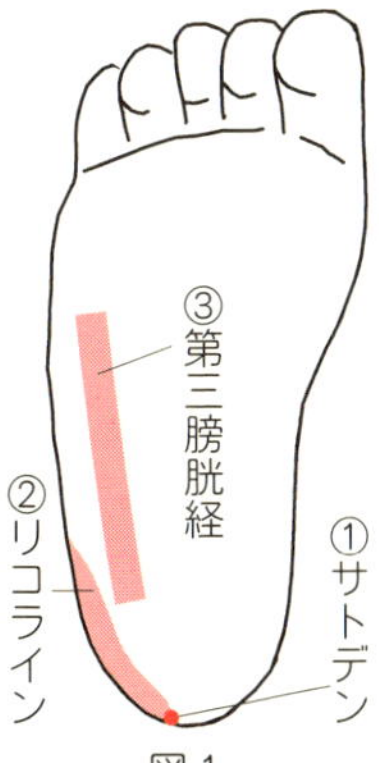

図1

サトデンと少し違うのは、その大転子から膝のところまでが、長くパリパリに張っていることでした。私は足裏の「サトデンから和紙を胆経寄りに少し長く伸ばすだけで良いかもしれないなぁー」と。筋肉でいうと中臀筋と臀筋膜（恵子先生手持ちの資料から）の間を通っているラインのようです。

そのラインをいつもより少し太めの和紙灸で施術しましたが（図1②）、よく見ましたら、もう一本のラインが張っています。

それはまた、当院で見つけた※2第三膀胱経（図1③）です。中間広筋なのかしらねー。

その足裏の治療ラインの和紙灸一列で改善され、二名ともヤワヤワの腰になっていました。

私はまたまた面白がって、名前を考えました。えり子さんとユリ子さんです。私はすかさず「え」と「ユ」は取りはずし、『リコライン』とつけました。

そのライン、毎日のように施術時に使いますが、よく働くリコチャン達ですよ。（図2）

ところで、その十年以上前の話に戻りますが、八十歳を過ぎた男性は、その大転子と腸脛靭帯がベッタリと張り付いて、少しも動かず、「そこがイタイんだよなー」と訴えて来院されていました。

私は、直接その大転子回りに大きな和紙を貼り、何度も灸をしました。

下手くそな鍼もしましたが、少しも改善されず、それどころか、かなりの火傷まで負わせてしまいました。

今のこの治療を知っていたら、その男性にすぐ施術して

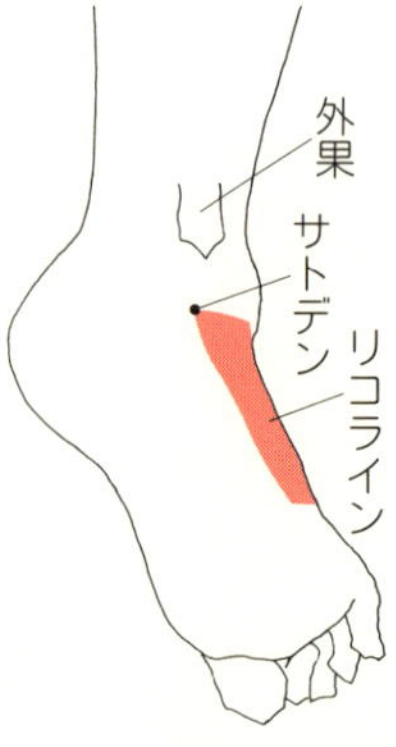

図2

差し上げ、一度に緩んだものを――と、つくづく思ってしまいます。

この治療室は、以前2名の入院施設で、換気扇は家庭用を使用していました。今の仕事では、灸の使用量が多く、部屋中がその煙で曇るほどで、その状態を見かねた彼は（鈑金屋さんだったようです）、業務用の品と取り替えてくださいました。音は大きいものの、あの時ほどの煙も立ちこめず、今のところとても快適になりました。

火傷を負った彼は、その後二、三度来院されましたが、その後はさっぱり音沙汰なしの状態です。

あれからしばらく経ちますが、あの男性はお元気かどうか、全く知りません。でも私は換気扇のスイッチを入れる度に、彼のことを思い出さないではいられません。彼はあの換気扇のために、私のところに来て下さったのでしょうか？

多くの患者さん達は、このようにちょっとだけ菜の花治療院に立ち寄って、何やら一つ、二つのこぼれ話を置いてサッサカと消えてしまいます。それはまるで、後の人のために〝おいしい和菓子の一つでもどうぞ召し上がれ〟と置いていって下さっているように思う時があるのですよ。

あの男性の置き土産は、〝換気扇〟だったのかしら。

※1　当院の大椎の治療穴の少し横です
※2　『ようこそ菜の花治療院へ』152頁図3

【腰】

マキ穴　腸骨稜の話

午前十一時に五十歳代の女性が来院されました。

カーテンを開けるなり「ここが痛いんですがー」と右の腰と臀部の先のほうをトントンと叩きながら言いました。

その方は、以前からその周りの痛さを訴えていましたが、その都度置鍼などして帰っていただいていました。治療時間内では治療穴は見つけられなかったからです。

しかし、今日は一時間半の予約です。今日こそなんとしてでも、その腸骨の先端（図1①）の痛みの部分の治療穴を見つけようと思いました。

その腰の部分の切経では、ほんの親指ほどの大きさです。

私は踵のほう、左右を切経してみました。

やはり右側に、ほんの少しだけ反応がありました。それは丹波の黒豆ほどの小さい部分でした。（図1②）

その部分に和紙で四、五粒の灸を四度してみましたが、熱くなりませんでした。

もう一度してみましたら「熱くなりました」とようやくの返事です。

そして腸骨の先端を切経してみましたら、それがどこにあったのかも判らぬほど、圧痛が消えていました。

その方は「立ってみなければ判りません」と言いつつ、立ち上がって腰をフラフラ揺すり、「すっかり治っています」だって。

私はスタッフに「同じような症状の方が来院されたら治療穴をお知らせしますねー。しかし、この腸骨の先端を痛がっている人って、滅多にいらっしゃいませんからねー」と言いましたら、恵子先生が「いえいえ、そう言っていますと、すぐにいらっしゃいますよ」だって。

私は、その治療穴の名前を「マキコさん穴」と名付けました。その患者さんのお名前です。

お帰りになる時、「背が高くなったように見えますねー」と言いましたら「いつも腰が痛くて屈んでいたせいかしら。痛みが取れて真っ直ぐに立てますよ」と嬉しそうに笑っていらっしゃいました。

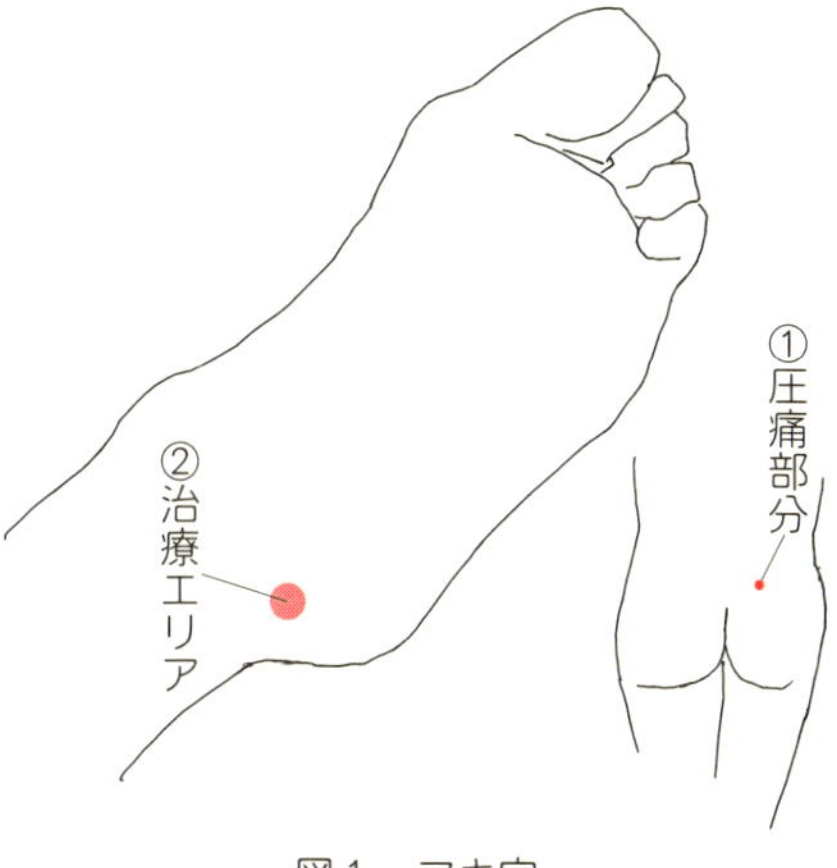

図1　マキ穴

そしてその日のランチ後。

午後一時からの女性の患者さん、なんと不思議なことに、少し前のマキコさん同じ症状で「ここが痛いんですよー」だって。

担当はもえ先生。

やはり足裏では、同じところに圧痛がありましたが、腰のほう（腰陽関寄り）では以前の人より少し内側にありましたのに（図2）、足裏の圧痛は外側のほうにずれていました。不思議ですねー。どちらも一センチぐらいの違いです。

治療後、その女性は腰を揺すってみて、「あっらぁー、治っていますぅ」だって。

私は「もう治療穴の名前はついてしまっていますよ。残念でしたぁー。あなたの一人前の方の名前で、マキコ穴って言います」と言いましたら、その女性、「私の名前は、マキって言いますのよー」。その言葉を聞いて、私達がどんなに驚いたか判りますか？　つい一時間前の人と同じ症状で、お名前がとても似ていたからです。

本当に不思議！　と思ってしまいました。

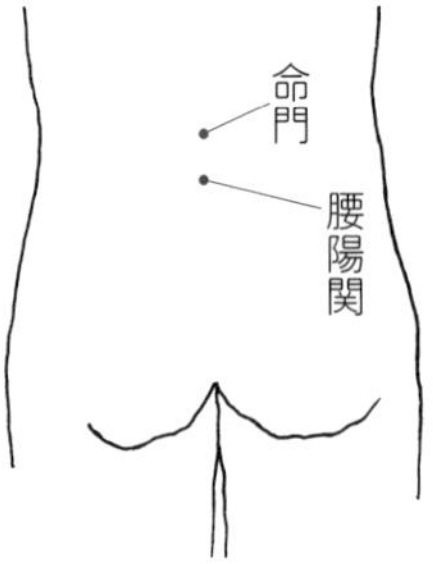

図2

【腰】

もう一つの新しい命門穴・イクミ穴

今日、最後の患者さんは母親とその娘さんでした。

私はお母さんのほうを看ていました。

治療時間が少なくなってきたとき、娘さんのほうを治療していたもえ先生が「仙骨のところが、なかなか治りません」と言って来ました。そこで、私が娘さんの腰を切経してみますと、長強穴から命門穴（図1）までが、ブカブカと腫れているようでした。

その長強穴から腰陽関穴・命門穴（図1）までは、当院では承山穴（図3）から踵のほうに伸びていくラインと考えています。

督脈も悪かったからですが、督脈を足裏でサラッと施術した後、再度仙骨辺りを指でスルーッと切経してみますと、腰の命門穴に私の指が、マンホールの穴に入ってしまったかのように、ブスッと埋まりました。

もちろん娘さんは、声を立てるほど痛がりました。

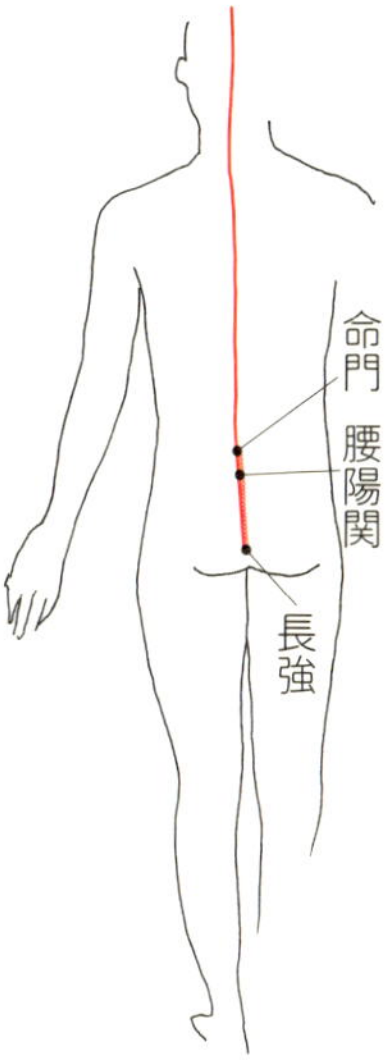

図1

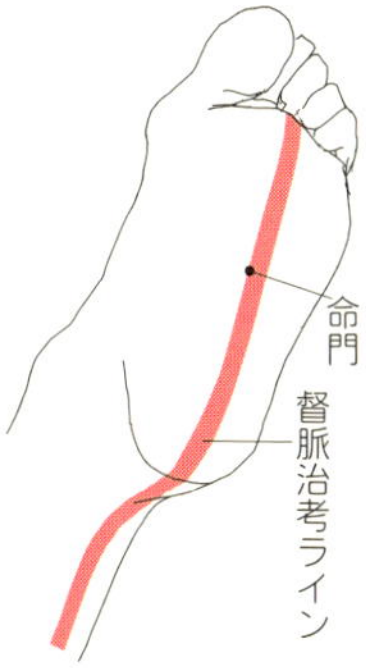

図2

そこで、足裏で見つけていた命門穴と思われるところ（図2）に触れてみましたが、少しも圧痛はなく、それがとても不思議でした。

確かに多くの人が、その足裏の命門穴に反応があり、足裏のそれで腰の命門穴が治ったりしていたからです。

私は、もしかしたら、私の知らないところに、全く別の命門穴の治療部位があるのではないだろうか――と考えました。

それは一体どこなのだろう――。

少し考えた後、もし私の考えた足裏の治療ラインが正しいとしたら、腰の長強から命門穴は、ふくらはぎでは承山穴から踵のほうに伸びるラインです。（図3）

そこでそのラインの踵から承山穴のほうにソローッと切経していきました。

なんと承山穴から六、七センチほど踵寄りに固く張っているところがありました。それは四、五センチの長さで、そのライン上での切経では、娘さんは「イタ～イ、イタ～イ」と大声で騒いでいました。

私はゆっくり棒灸で温めながら、ソローッとマッサージをしました。

四～五分が経ち、私の指の感覚が変わり始めた時、彼女は「あ～、痛くなくなりましたぁー」と。

私はおもむろに、腰の命門穴に触れてみましたら、すっかり痛みは取れ、腰も治っていました。

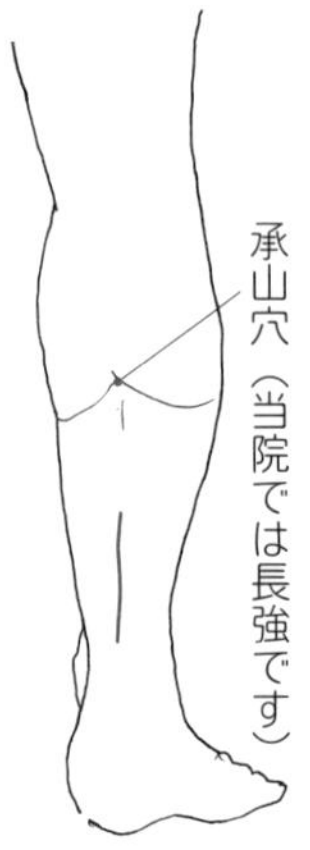

図3

左側のふくらはぎのそのラインを切経してみましたが、全く痛がりません。

それも不思議でした。なぜ右側だけなのかしらねー。何か意味があるのだろうか——。


私は、その新しい短いラインの名前を、その娘さんの名前をとって、「イクミ穴」としました。


面白いことに、お母さんが「エーッ、イクミ穴？　私じゃないのぉ～」だって。

もえ先生は、ニコニコしながら「最初に見つけた人の名前がつきますよー」

お母さんが、誠に残念ってお顔をしていたのが、なんとも愉快でした。


治療者は秘守義務のはずですが、当院では、この小さな治療院のみの話として、勝手に患者さんのお名前を付けますが、ご本人がそれを喜ぶのはどうしてでしょうか。

新種のバラの花の名前ぐらいに思っているのでしょうかしらね。


ある日、その足裏の命門穴に棒灸をあてて三～四分、なんと「腰の命門穴周りが温かくなって、背中全体が汗ばむほどです」という人がいました。

命門穴は、素人向きの鍼灸の本の中には「五臓六腑の機能活動のエネルギーとなり、元気の根源である」などと記されています。

そこで、来院されている男性の父親が、あまりお元気ではないのを知っていましたので、その方の治療をした後、「お父様に棒灸で施術されたらいかがでしょうか」と言いましたら「そうしますね」と嬉しそうに笑いました。

しかしねぇ、腰の命門穴とふくらはぎの命門ラインと、足裏のそれと、どうしてつながっているのでしょうかしらねー。

いつも、不思議だなぁーと思う時、頭の隅のほうでニヤッと笑うような感覚があるのですよ。

【ギックリ腰】

ギザギザ金平糖

七十歳を少し過ぎたばかりの女性が来院されています。

彼女は「長い間リュウマチに悩まされていました」と施術中に話されていました。

私は問診をしていないせいもあり、今さら尋ねることもできず、その方の話を聞くだけでした。

身体の表面はやわらかいものの、骨膜側は硬く筋張っていました。

首も同様で、左右に曲がりにくいうえ、手足の痛みで夜中になかなか寝ることもかなわず、御不自由なような話でした。

毎週来院されたせいか「とても良くなってきて階段もトントン昇れるようになりましたのー」と話されていましたが……。

十二月。「突然ギックリ腰になりましたぁー」と、ヨロヨロしながら来院されました。

今思うと、どのようにして当院に着いたのでしょうかしらね。

腰が痛く、そることも曲げることもできず、始めの時は伏せの状態の治療も思うようにならず、多分横向きで施術したのだと思います。

私は少し後で治療することになりました。

私はずうーっと以前にもギックリ腰の治療をしたように思いますが、「良くなりました」という話は聞かずに終わり、さらに御家族の話では、「お灸が熱かったー」だけの話のようでした。

まず腰の様子を見ました。

背中の真ん中を通る督脈上（図1）の命門穴、腰陽関穴などの周りはブヨブヨとし、こんもりと盛り上がっていて、とても切経する気になれないほどでした。

私は腰をタオルで覆い、足裏で治療することにしました。

最初、右側足裏中央の、当院で〝命門穴〟と思われている穴の外側の少し下に、金平糖のようなギザギザの小さな塊が三個ほど指に触れました。（図2）そのギザギザ感は、私には初めての感覚でした。

もしかしたらこのギザギザが取れるとギックリ腰は治るのではないか、と思いました。

私はソローッとその金平糖に触れ、棒灸で温めました。そしてできるだけ優しくマッサージをしました。優しくしないではいられないほど痛いのが判りましたが、それでもその方は「痛いですー、痛いですー」と言い続けていました。

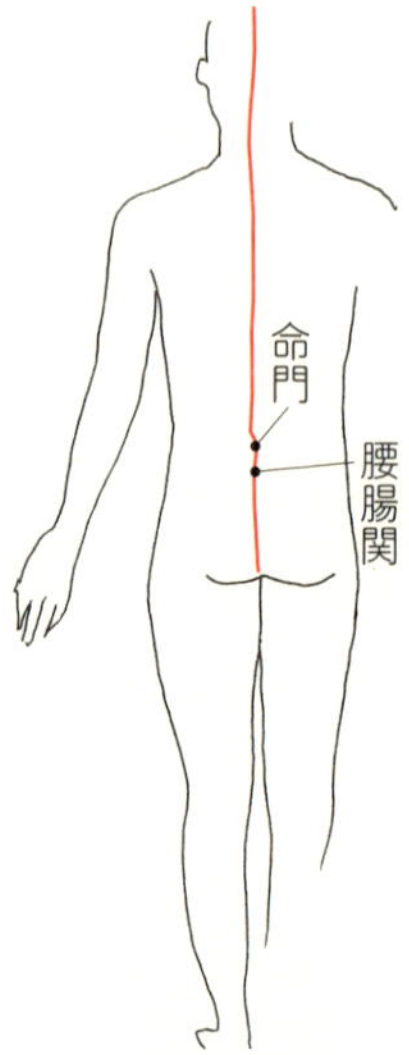

図1　督脈

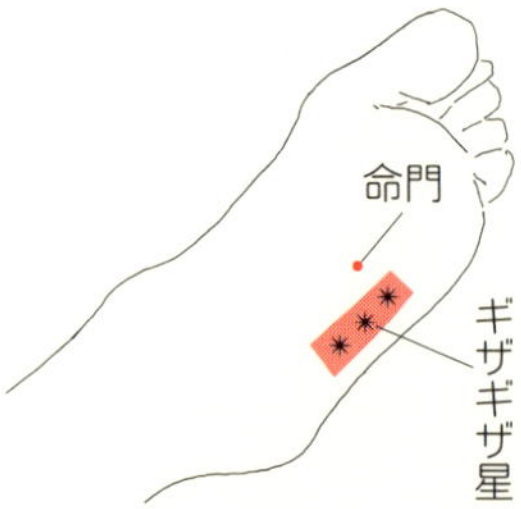

図2

私は「これ以上優しくできませんよー」と言いつつ十分ほど施術し続けました。

右側の金平糖がほとんど消えてから、左のほうを切経してみましたら、そのギザギザの金平糖は二個ありました。

その時気づいたのは、片方で棒灸を持ちますが、もう片方の手（指）は自ずと足の表裏を挟むようになり、その指が当たったところの足の背もブカブカとしていたことです。そしてその部分も「痛いですー」としきりに言っていました。

それは第四指と第五指の間で、外果のほうから指先のほうまで指がめり込むように入りました。

その穴の一つが胆経の「足臨泣」でした。（図3）

それは帯脈の八脈交会穴の一つのようですが、他に金門穴・京骨穴などにも手がいきました。（図4）

当院での足裏で言いますと、その治療ラインは、膀胱経の一部にあり、その治療をしました。

その方がお帰りになる時「お産より痛かったですよー」だって。私は「お産の経験もないのにですかぁー」と言いますと、真面目に「あります、あります」と。勿論でしょ

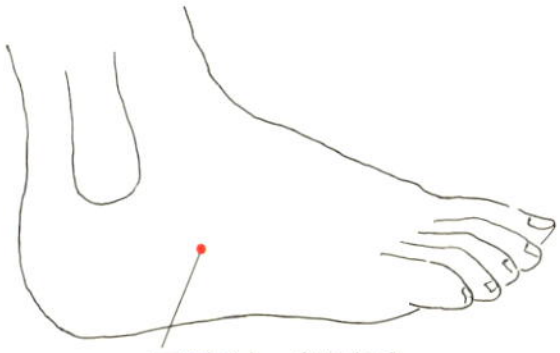

図3

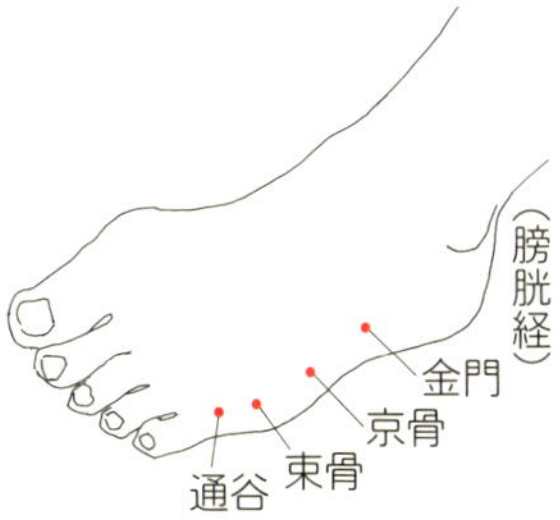

図4

う。一人はかぐや姫のように可憐で可愛らしく、もう一人もリトルマーメイドみたいに美しいお孫さん達がいらっしゃるのですからねー。お産より痛かったってねー、優しく優しくしましたよーと思いましたが、「あの失神するようなツボ押し（その方の言葉です）のせいか、なんか良くなったようです」と言いながら、なおソローッと歩いてお帰りになりました。

その後のＦＡＸで〝歯科の通院に自分専用の小座布団を持参しましたが不要でしたよー〟って。

私はスタッフ共々大喜びでした。

しかし時折、腰痛時の痛さと私の治療中の痛さと、どちらの痛さに我慢ができるのかしら——と思う時もありますが、患者さんの中には「治療の我慢を超えると楽になりますので、充分に治療してください」という方もいらっしゃいますけど——さあ、どちらが良いのでしょうかしらねー。私はあくまでも優しいはずですよ。

実は同じ週に、先日の彼女より少し軽いギックリ腰の人が来院されました。

やはり足裏には先の人より少し小さいギザギザの粒がそれぞれ一個ずつあり、足の甲も裏も同じようにブカブカとしていて圧痛がありました。それがとても不思議でした。

それから一ヶ月ほど後に、左側の手足が震える方が来院されました。

その震えは別の治療で施術して「八割ほど改善されました」と言っておられましたが、ギックリ腰の時の人と同じように、足の甲と裏に圧痛があり、ついついその方に「今ギックリ腰ですかぁー」と　聞いてしまいました。

その方は「以前から何度もギックリ腰をしています」だって。

私はビックリしました。

今は治っている様子ですが、ギックリ腰の痕跡が足に残っているのです。


そのギックリ腰の話になりますが、督脈の命門穴・腰陽関穴には腰神経後枝の内側皮枝の支配を受けています。

一方、膀胱経（図5）の腎兪・大腸兪・関元兪などは、第一腰神経後枝の外側枝が分布し、深層には腰神経叢に支配されています。隣同士で近いのに異なった神経支配のようです。

足先のほうに伸びている金門穴・京骨には外側足背皮神経が分布し、深層には外側足底神経、足裏の命門は腰神経後の内側皮枝など、そのいずれかの神経の支配を受けていて、私の指にひっかかったという訳です。

その時の私の考えでは、ギックリ腰といいますと、腰の中央の督脈の命門穴・腰陽関穴のみならず、その横に並行して流れている膀胱経（腎兪・大腸兪・金門・京骨など）胆経（地五会・侠谿）帯脈（足臨）の治療が必要となり、それらが何らかの理由で運悪く重なって

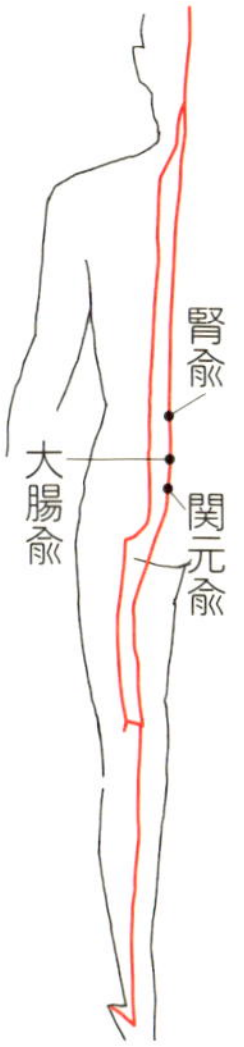

図5　膀胱経

傷んだ時に、なるのではないかと思いました。

　それにしましても、もしもあの可愛い金平糖が足裏にあって、ギザギザというかキラキラと輝く時が〝魔女の一撃〟だったとしたら、おかしいような恐ろしいような——。

　今のところ私はギックリ腰は経験していませんが「ちほ子さんの指はほとんど魔女だ」って言う人もいますが、困ったことですねー。

※なお、胆経は銀鍼で治療しました。

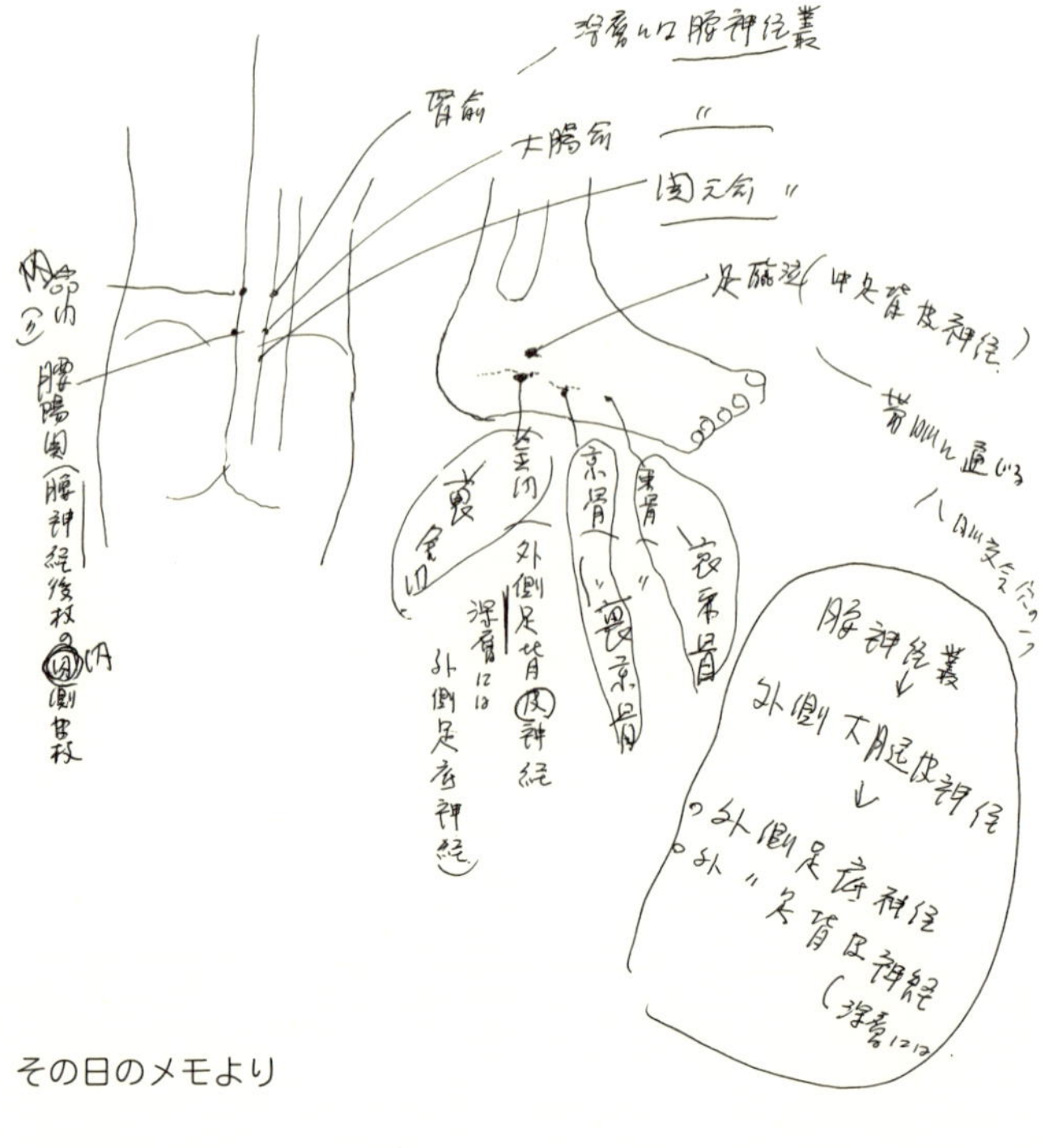

その日のメモより

腰痛の治療のこと

当院の腰痛の治療は、〝ひかがみ〟「(『ようこそ菜の花治療院へ』50頁)で施術していますが、腎兪など腎経の治療の他、さらに帯脈でも治療する場合が多いようです。

最近、下肢膀胱経殷門穴より少し上と肝経の風市(図)より内側の間、幅三センチ、長さ六、七センチほどの圧痛のある部分に和紙灸(三列・十二粒ほど)をしますと、ほとんど腰痛は消えます。(図1)

殷門穴は後大腿皮神経が分布し、深層には座骨神経幹があるとされ、風市穴側は不思議なことに外側大腿皮神経のようです。それからそれぞれに少し離れた中間という訳です。

最近は〝ひかがみ〟での和紙灸の他に、右記での施術も多いようです。

しかし、それらの治療のラインは、足裏では命門とされる足裏中央のすぐ横一センチほど離れた、長さ七センチ、幅一・五センチの和紙灸(図2)でも、その下肢の圧痛は消えますが、どうしてそうなのかは、私には判りませんが、その治療で腰痛も消える時が多いようです。

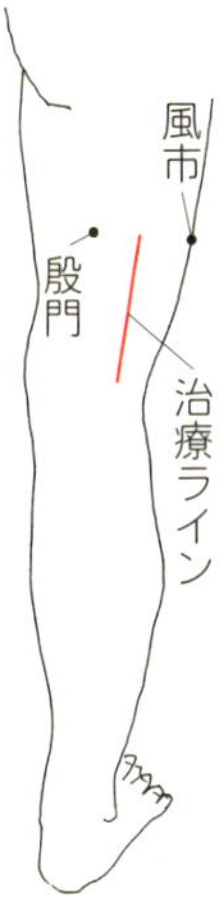

図1

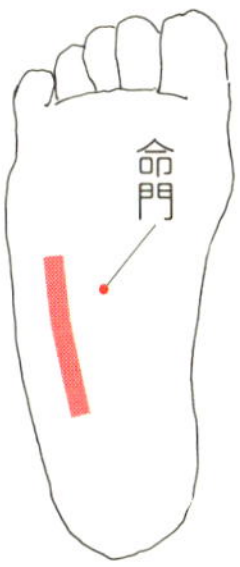

図2

切経では、両方それぞれ少し圧痛の度合いは異なり、片方だけの方もいらっしゃいますが、一応そのほうもサラッと灸をします。

【仙骨の治療エリア】

手の甲での腰の治療

手の甲と掌で、ある程度の経絡治療は可能になってはいましたが、腰の治療エリアはまだ見つけてはいませんでした。

足裏で帯脈、腰痛の施術をしながら、手で腰の治療はできないだろうか——と、常に頭から離れることはありませんでした。

しかし、手の甲の指間での首の治療のついでに甲の部分に軽く和紙灸をし、少し強めのマッサージで、ある程度背中の緩むのを知り、もしかしたら——と、三十ワットの小さな電球の灯が点りそうな予感がしました。

指の滎穴寄りが首ならば、腰は手首側にあるはずです。

ある日、「腰全体がだるいのですがー」と言う五十歳代の男性が来院されました。運が良かったのは、〝腰のこの部分〟という指定がなかったことでした。

まず手の甲、特に手首側を丁寧に和紙灸し、指のほうに向かっては、サラリと施術しました。

そしてオイルを塗って、少し強めのマッサージをしてみました。

伏せているその男性の顔たるや、くちゃくちゃにゆがんでいます。

つい私は、「エッ、痛いんですかぁー」と聞きますと「メチャ痛いです」ですって。年寄りのする力仕事が、それほどとも思えず、「フーン」と言いつつ腰をみてみましたら、かなり改善されていました。しかし、仙骨周りがフカーンと圧痛がありそうな腫れ方です。

では、仙骨の治療エリアはどの辺りなのだろうか——と考えました。

小指側はペタンとして手応えがなく、反応がありません。

そして私は〝合谷穴〟から手首側に再度和紙灸をし、やはり強めのマッサージをしました。（図1）

施術後、パッとシャツをめくりましたら、なんと仙骨は骨に触れるほどスッキリしていました。

彼は「なんだか気が流れて軽くなりました」だって。すかさず恵子先生が「そうです、そうです。ここは気を流す治療院ですよー」。

また、「仙骨に風が流れるように感じます」と言う人もいらっしゃいます。

しかしねぇ、胸夾脊と腹夾脊の治療ラインは見つけていましたのに（本書161頁）、そのほんのすぐ下の仙骨が別扱いとはねー。（図2）

誰かさんは、少し意地悪！

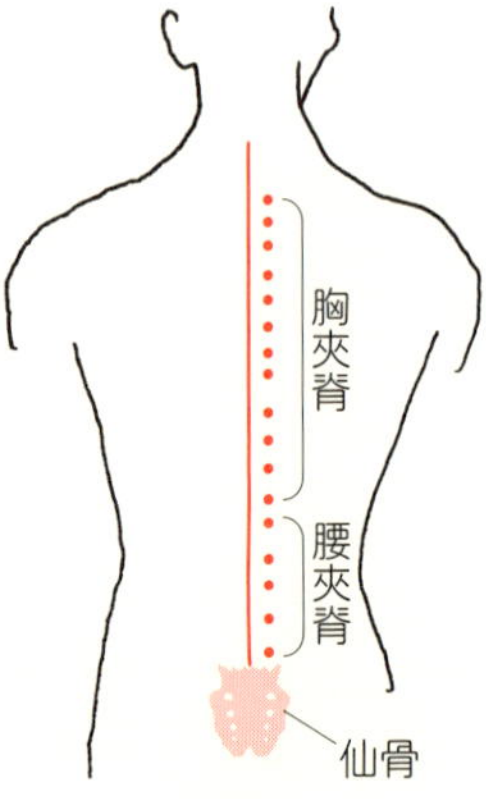

図2

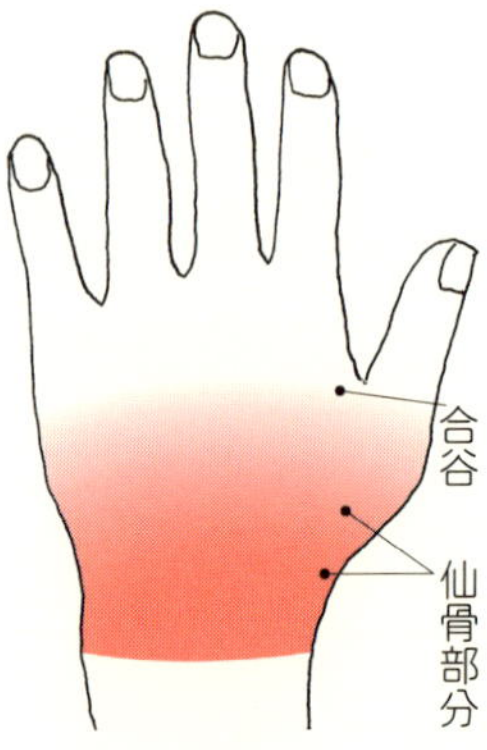

図1

【脊椎管狭窄症】

足裏のゴロゴロ小石　腰の施術法の一つ

ある日、予定時間より少し遅れて六十歳後半の女性が来院されました。

治療室に入るなり、「脊椎管狭窄症になってしまって、今日から杖を使わなくちゃなりませんのぉー」と、上着を脱ぐのもノロノロ、ベッドへもようやく上がりました。

私はその脊椎管狭窄症と言っている治療も初めてでしたし、どのような反応が身体にあって、施術が可能なのかが全く判りませんでした。背中を見る気にもなれず、まず足裏を切経してみることにしました。

彼女の場合、不思議なことに、左側の足裏の図のようなエリアに、非常に強い圧痛があり、ほんの少しでも触れさせてもらえないほどの痛みのようでした。そろーっと切経してみますと、小豆くらいの大きさのゴロゴロしたものが七、八個あり、特に踵骨に近いほうにそれが多いようでした。

私は、和紙灸ではなく棒灸で温めながら、そろーっとマッサージすることにしました。

十二分ほど経った頃、そのゴロゴロも手に触れられなかったのを機に、私は「腰の具合はいかがですかーぁ」と尋ねますと、彼

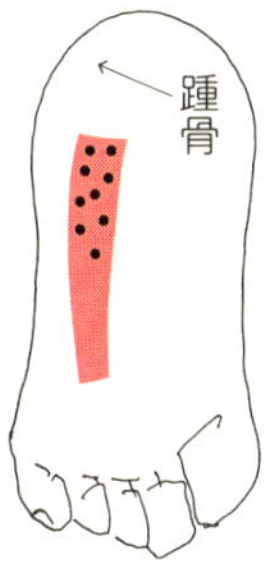

図

女は腰を揺すってみて「アラーッ、少し痛みが消えましたぁー」と。

私はその後、夾脊ラインを手の小指の横の部分で、督脈さらに帯脈（本書30頁　図2）の施術をして終わりました。

右側の足には何一つ反応がなかったため、施術はしませんでした。

そして再度「いかがですかー」と聞きましたら、「アッラー、すっかり痛くなくなりました。来る時はどこをどう歩いたのか記憶もないほどヨロヨロ来ましたのにー」。だから少し遅れたのですね。

たまたま、お隣のベッドは古くからの友人でした。

治療が終わった後、身支度を整えた二人は、何が楽しいんだかねー、キャーキャー笑いながらお帰りになりました。

私は時折、年を重ねた大人のイメージがバッサリ消えることがあります。人それぞれ様々な御苦労を経験していますのに、今少し前の初老の御婦人達が、「中学生の制服がお似合いになりますねー」とばかりに、学校帰りの少女のようになる瞬間を見てしまうからです。

それにしても彼女が言っていた脊椎管狭窄症って、ドクターの診断なのか、周りの人が言ったのか、御本人が以前に経験したものなのか——聞くこともなく治療時間内に終わりました。

リンパのこと

以前から多くの患者さんの中に、足の指の間の根元それぞれに鋭い痛みがあるのに気がついていました。その四箇所って、身体全体ではどこの治療に良いのだろう――と考えていました。確かに圧痛があるというからには、どこかに治されたがっている部分があるということです。ある時、その四箇所は、腋下・耳下・鼠径部・膝下にあるリンパに関係するのではないだろうか――と思いました。四箇所だからです。

私は思いきって、その足の指の根元に小さな和紙灸を一、二個してみました。一回の灸で「熱いでーす」という人もいたり、二、三回で「(熱いのが)きましたぁー」という人もいたり、人様々です。

私は、腋下は確認できなかったものの、顎下リンパ節、その後ろ側の鼠径部（浅鼠経リンパ節)、膝下はふっくらとし、膝下に至っては、その治療を必要としないほど緩んでいました。

親指と第二指が一番大きくて腋下です。

第二指と第三指間は、耳下のようでした。(その施術はあっているようでした)

それぞれが下のほうに降りて、第三指と第四指が鼠径部、第四指と第五指間も膝下のようでした。

最近、心臓のどこかを手術されたという六十歳代の男性が来院されました。

その方の足は、指で軽くおしてみただけでペコンと凹み、指間の圧痛がかなりありました。

大きな手術されたばかりの身体を治療するのは、私にとってかなり勇気のいることでしたが、ただただお元気になって、お仕事ができますように――と祈る思いで施術することにしました。

やはり足のむくみが一番気になり、指間の和紙灸をしないではいられませんでした。小さな灸（和紙灸）を一、二個です。

なんと施術後、足の甲側の腫れはひき、充分ではないものの、少し骨にまで触れるほどすっきりしていました。

心臓が悪くてむくみがあるのか、他の理由は判りませんでしたが、とにかく足全体の浮腫は取れ、冷たかった足も温かくなり、「足も軽くなりましたー」と言いつつ、お帰りになりました。


またまた私は、手の指の甲側の圧痛も気になり始めました。最近知り始めた指での治療でも、指間の圧痛は消えていなかったからです。

それは掌で八箇所です。

ある日その指の圧痛がある人に施術しました。

小さな灸一、二個の後、背中はふっくりとやわらかく、さらに温かくなっていました。それは服を着た上からでも、手に伝わってきました。

私は、上等の粉おしろい？　を、パラパラとふりかけたように感じ、患者さんは「絹織物を羽織ったように背中がフワッとやわらかく感じます」と言っていました。

手の甲側は陽経で、背中側になります。

ずうーっと以前、開院当時に御一緒した小島ひとみさんが、月一度リンパマッサージのため、上京していましたが、お帰りになった時も、腕はパンパンに張っていて、そのマッサージが効いているのかどうか——と疑問に思った時もありました。

恵子先生の話では、「浅リンパ（浅リンパ管→真皮にある毛細リンパ網に始まり、皮静脈と併行することが多い）は、体表を覆うように張りめぐらされているので、優しいマッサージでも良いのですよー」とのことでした。

小島さんは浅リンパどころではなく、深いところのリンパ（深リンパ管→手でも深部の血管に併行するらしいです）も悪かった、ということなのでしょうか。ほどなく亡くなったからです。

翌月中頃のある日の午後（仕事日以外の日）、気になる掌の圧痛のことを知りたくて、ある人に治療をさせていただきました。掌のみです。

その方は、左側の腋下リンパを、何らかの理由で切除していて、左手が思うように挙がらなかったそうですが、治療後は腕をグルグル回しながら「腕も良いけれど、首にもなんだか良いみたいですよー」と言っていました。

その喜んでいる女性を見た時、急に小島ひとみさんを思いました。お洒落に指に挟んだタバコをプゥーとはきながら、喫煙室の隅で一瞬彼女が笑ったように私の脳裏をかすめました。この仕事のきっかけは、すべて貴女でした。思い出すだけで涙があふれそうよ。

※手指の両サイドにも圧痛がある人がいますが、手掌リンパ網というらしいです。

※最近流行っている指股バンドをしている人にも圧痛があり、日に何名かはそのリンパ治療をしていますが、全く圧痛のない人もいます。

鼠径部リンパのこと

ある日の夕方、七十歳代の男性が、治療の途中突然に「左の足の第三指と第四指に血が通っていなくって、冷たいんだけどー」と言いました。

足の指に触れてみますと温かく「血は通っていますがー」と言いつつ、指の間を切経してみますと、圧痛がありました。

彼は「イターィ、イターィ」と叫びました。

私は「ここに灸をしてみますよー」と言いつつ、小さな灸二、三個を和紙上に施術しました。熱さを感じるには少し時間がかかりました。

そして「この第三指と第四指の間のところは、当院では鼠径部リンパではないだろうか、と考えていますが、どこか前立腺とか何か悪いのではないですかぁー」と尋ねました。

彼は少し間を置いてから「前立腺のガンなんだけど、ステージが1で手術してもしなくても同じみたいだから、なにもしていないんですよー」だって。

お灸の後、「なんだか指も温かくなって、生き返ったみたいだよー」ですって。

良かった、良かった！

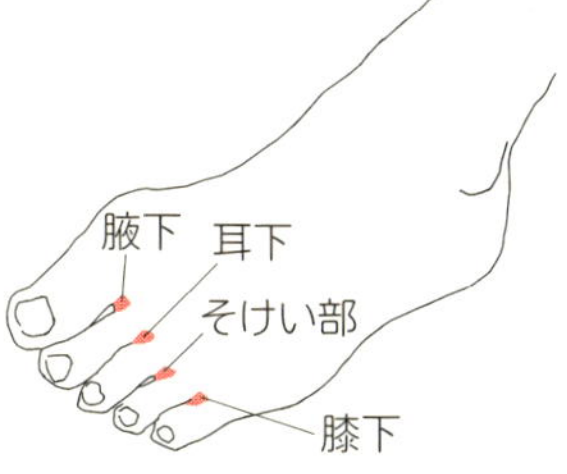

図　リンパ系

【足】
ちょんがり灸

今朝一番の女性は、恵子先生が担当していました。

治療時間が残り五、六分ほどになった頃、私は、ふと隣の恵子先生を見てみましたら、その女性の足のどこかのラインに、長々と和紙灸をしていました。確かまだ治療しなくてはならない部位があるような話でしたので、治療時間内に間に合わないのでは？　と少し心配でした。それで「恵子先生、今何をなさっているのですか？」と聞きますと、「ずーっと立ち仕事をなさっていて、足が棒のように固いんですよー」と、当院での小腸経の腓骨側の治療をしているようでした。


その時フッと、以前私自身が試してみたある方法のメモ紙を、つい二、三日前に見つけていたことを思い出しました。


「恵子先生、ちょっと試したい灸がありますがー」と。

それは、足のしびれとかむくみなどの時に施術する十宣という方法です。

実際は小さな糸状灸で、足先などにチリッと燃やしきるのですが、時間がない場合、濡らした和紙を指の上に帽子のようにかぶせて、少し大きめの灸を一粒だけするという方法で、ちょっと熱いというだけで、和紙をすぐ取って「ハイ、終わり」って方法です。

私自身、足がしびれているせいもありましたが、燃やしきるのに少し勇気もいるし、熱いからといって、指で払いのけるのも面倒だ――と思いついた方法でした。

その時、身体の何かが動くような感覚とか、下肢が緩むのも実感したこともあり、いつの日か誰かに施術してみようと思いつつ、すっかり忘れていました。

私は、治療時間がさらに少なくなったのを知り、大急ぎで、その女性の各指先に少し大きめの灸を二、三個施術しました。するとあの棒のような固い下肢が、つきたての餅のようにフワフワに緩んでいました。

私は自分勝手にその名を『ちょんがり灸』としました。（図）

ある日、固く張っていたある女性にその『ちょんがり灸』をしてみました。

「あらー、足がポチャポチャになっちゃってー。今のは何という治療ですか？」だって。

長く通っている患者さんは、新しい治療を何でも知りたがったり、時々「身体全体の調子が悪いから、今日は督脈の治療をして欲しいなぁー」などと専門的な話もします。

私は、「今日のは〝ちょんがり灸〟って名前ですよー。最近見つけましたのよー」

その人は「〝ちょんがり〟って北海道弁ではないみたいね～。小樽弁でもないし～」だって。では〝ちょんがり〟っ

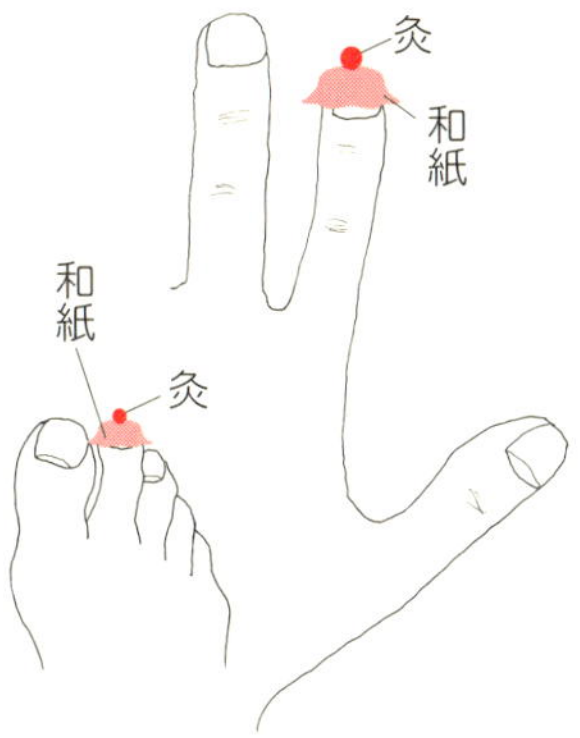

図　ちょんがり灸

て、四国弁かしらねー。私の母は四国生まれで、何となく〝ちょんがり〟って言う言葉を使っていた覚えがありますが……。

足がむくんでいる人や、固く張った下肢などは、ヤワヤワ、ポチャポチャになりますよ。

可愛い名前のクセして、その〝ちょんがり灸〟は、なかなか良い仕事をするのです。

※恵子先生は、爪の上に直接和紙を貼って施術する時もありますが、それも良く効きます。

【爪・目】デンタルドクターのぴったしカンカン

私は、その日、この一年の歯の手入れのために、午後、古くからの友人の歯科医を訪ねました。私の治療後、彼は、たまたま患者さんの居なくなっていた待合室の椅子に座るなり、「最近、ゴルフをする気がなくなったんだよなぁー」とボソボソ言い始めました。冬になると海外まで出かけ、「隣りのコースに、あの青木がいたんだよ」って話に「へぇ〜、青木って隣にいるだけでも自慢できるほどの人なのぉー」と、まじまじと治療後の彼の顔を見たこともありました。

その彼が、左足の外をトントンと叩きながら「ここも張って痛いんだよなぁ〜」だって。

そこは胆経でした。

私は屈んで、足の第四指の付け根の侠谿穴（図1）を、少し指でおさえましたら「イタイなぁー。そこはいつも痛いんだよー」。

私が「この穴って耳鳴りにもよく効く穴なんですよー」と言いますと「そうそう、耳も悪くなってきているんだよなぁー」。

私もだんだん調子に乗って、「胆経が悪いってことは、表裏で言うと肝も悪いってことですよ！　肝はねー、目なんですよー」と言

図1

いながら彼の目を見ましたら、充血して真っ赤っかです。

あらあら、六十年前の青年の面影はチラッともよぎらず、思い起こすことすら無理無理。

それから、右手の中指にテープが貼ってあるのを見ました。「そのテープ、どうしたの？」と聞きましたら、それをはがしながら「爪が割れてきて、絆創膏で貼っているんだよー」だって。

それをはがしてみますと、爪が縦に真ん中からパキーンと割れていました。

中指は、最近見つけた指の経絡では胆経です。

私は彼に「申し訳ないなー」と思いつつ、「やっぱり中指の胆経だったんだよなー」と嬉しくなっていました。

そして手の全体を見てみましたら、どの指も腫れぼったくむくんでいました。

首を切経してみましたら、左側が突っ張っていました。

そこで最近見つけた、手の人指し指の根元から手首のほうにかけて、少し強めのマッサージを、一〜二分してみましたら、「あれー、首が良くなったみたいだよー」と言っていましたが、治療は際限のないほど、全身の気が傷んでいるのが判りました。

仕事上彼は、小指に綿花を挟んで、それを少しずつちぎって治療するらしいのですが、「それもできなくなってきたし、ピンセットもよく落とすんだよね〜」等々。
二、三年前、彼は「この仕事をずう〜っと頑張るんだー」と言っていましたが、この身体ではもう限界かもしれない、と少し切なくなる思いでした。

私はその日、どこの治療院へ行っても良いから、一日も早くお元気になって仕事が続けられますように――と願いつつ帰宅しました。

その後、彼はお正月明け、時間外の夕方に来院されました。ボソッと「俺、来ちゃったよー」と言いながら、治療室に入って来た時、突然ハレルヤ・コーラスが聞こえてきたと思うほど嬉しかったです。これで元通り大好きなゴルフもできるようになると思ったからでした。

そして全身の治療後「爪のところの灸は痛かったなー」と、十宣と八邪の灸（本書7頁図3）のことを言いましたので「ピンセットなど落としやすくなっていたでしょ。歯科医は指先の仕事ですから、指先をシャープにする治療をしておきましたよー」と、普通は小さな灸とか和紙灸で施術しますが、パッチンと知熱灸を、それも二回もしてしまいました。

彼に嫌われても良いと思ってですが、多分翌朝には感覚の鋭い指先になっているはずでした。そしてお帰りになるとき、「また来週来るね～」

余談になりますが、私の友人が何かの手術の後、その後遺症かなにかで（医者は薬害でしょうと言っていたようです）、手の爪全部に黒い墨の塊がついている状態になりました。

私は長い間知りませんでしたが、ある旅行で御一緒した時に、それを知りました。

もし薬害でしたら、背中の督脈の治療で改善されるという説明の文を読んだこともあり、旅行後に来院された時、その督脈の治療や肝の治療などしてお帰りになっていただきました。

身体のどこかが不都合な人は、爪にも反応があります。爪は肝に関係していますので、彼女は薬害のせいで肝が傷み、爪が真っ黒くなっていたのでしょうか?

その後、もう二十年以上も悪かったというその爪も、今はすっかり治って、私と変わらぬ年相応の爪になりました。

三週間ほど経った頃、デンタルの彼が、またまた来院されました。

治療が始まってすぐ「睡眠導入剤を飲んでも四時間しか寝られなかったけれど、あの日は七時間も寝られたんだよー」だって。

私が「この春にゴルフもできるようになりますよー」と言いますと、「なんだか今でもしたいくらいだー」

なんと嬉しい言葉でしょうかしらねー。

「それで小指で綿花は挟められるようになったんですかぁー」と聞きましたら、「小指が曲がってしまってできないんだー」だって。

私は思わず、「何十年か前の流行歌『小指の思い出』みたいに、恋人にでも噛まれたんでないのぉー」って。

フムフムと小指を見てみますと、確かに第二・第三関節のところが少し曲がっていました。

私は、〝効きそうもないけれど、でも真心だけは受け取っておくれー〟と、そこに少し和紙灸をしました。ついでに熱いのはいやだなぁーと言っていた十宣・八邪の小さな灸もしておきました。

彼は、「ゴム手袋ができなかったのは、単に手がむくんでいただけだったんだねー」と、すっきりした、少しシワの寄った手を見ていました。そして、おしゃべりばかりの治療が終わってベッドに座るなり、「あれー、首が全く痛くないねー」と。

「そうそう、今週木曜日に新しい首の治療方法を見つけたんですよー。今のところ、もえちゃん先生が首専門のもえちゃん、とばかりにジャンジャン治療していますよー。それが良く効くんですよー」

もえちゃん先生は、「ヤッター！」とばかりに、小さなガッツポーズをして、嬉しそうに笑いました。


彼がお帰りになる時の会話。

私は素人向きの鍼灸の本を取り出し、「ホラ、肝と胆は表裏でしょ。目とか爪とか筋に影響があるとか、怒りん坊にもなるんですよ」という説明に、彼は「うんうん、確かに俺、怒りっぽかっかもねー」と。

「あなたの身体は、この本の通りぴったしカンカンだったね！」の返事は「うん、ピッタリだった！」

まるで小学生の会話です。

そして「また、来週来るからよろしくぅー」

しかし、彼の治療をしながら私は——例えば彼の目が真っ赤でも、七十歳台後半にもなっていまさら澄んだ美しい瞳になったところで——と一瞬思うものの、しかし、しかし、少しどんより曇っていても、真っ赤よりいいか——とか、「年寄りがピーンと張った背中で、シャキシャキ歩くのもなかなか素敵ですが、今まで精一杯駆け抜けて来た人生なんだから、今は何を考えているのやらという顔でゆったり歩き、背中を少し屈ませて歩くのも、人生の哀愁まるまる漂っている雰囲気で、なんだか映画のワンシーンのようで、素敵に思うのは私だけだろうかー。それもこれもそれらしくって良いんだけどなー」と思うものの、今週の彼の目は、先週の真っ赤っかが少し薄れ、足の突っ張りも取れて軽くなり、背中が緩んで楽だって。

残念ながら私は、ただの治療者のようですよ。

【子宮内膜症】

〝ふたば穴〟っていかが？　足裏からのメッセージ――

一月の末、今日の最後の若い女性は、もえ先生が治療していました。治療前、御本人が「不妊症です」と言っていたらしいのですが、彼女御自身は、私には「子宮内膜症です」と言ったようでした。私は彼女の口から言わせたくないと強く思ったのか、あるいは私が聞きたくないと思ったのか、その瞬間のことはあまり覚えていません。

帰り際、その人の足の裏を見てみましたら、舟状骨内果寄り（図１）のところに、白玉団子を潰したような腫れがあり、その部分を指で少し押してみましたら、グアーと指が入り、彼女は少し痛そうでした。

帰り支度も済み、きれいにベッドは整理されていましたが、もえ先生は「もう一度治療をしますか？」と。私は、もえ先生を少しでも早くお帰りいただきたいと思っていますのに、なんと優しい心遣いでしょうかしらね。「ありがとう」と言いながら、若い女性にもう一度ベッドに座っていただきました。

その二〜三週間前、足裏が同じ状態の年配女性をみた瞬間「子宮

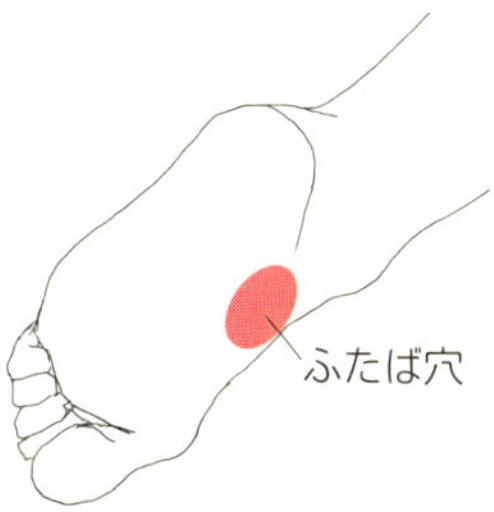

図１

に何か異常がありましたか？」と聞きました。どうしてそう思いついたのかは、私自身全く判りませんでしたが、その人も「子宮筋腫で手術しました」と言っていました。

その後また同じような足裏の人が来ました。その人は中年の方でした。同じような質問に彼女は「以前、子宮内膜症でした」とのことでした。

子宮に異常のある方は、白玉団子がくっつくんだなぁーと、不思議な感覚でした。

そして今、不妊症の若い女性が来院されています。

もし不妊症の方が、その部分の治療で治るのでしたら——と、ぬか喜びさせるかもしれないと思いつつ少しの希望を持った次第です。

私はその部分を、棒灸を温めながら、少し軽くマッサージをしてみました。

痛みはすぐに消えそうもなくて、彼女の次の来院は一ヶ月後のことですので、棒灸で温めるのはご自宅でも可能だと思い、私は彼女の手に棒灸を持たせて、その使い方を教えました。棒灸の持ち方、火の付け方、その部位の当て方、火の消し方までです。私達が普段から何気なくやっていることも、なかなか難しそうでした。

お帰りの時、棒灸を三本お持ちいただきました。

それから四~五日経った日曜日の午後、五十歳ぐらいの女性が訪ねてくれました。

その人の話では「先日、子宮内に二個の腫瘍が見つかって、来月手術なんですよー」だって。

私は〝それがもし悪性だったら、あと何年の命なんだろうか〟と心臓がバクバクするほどでした。

ふとその時、先日見つけた足裏にも同じような白玉団子がくっついているのかもしれないと思い、座って足裏を切経してみますと、左足のほうにそれが二個ベッタリとついていました。

彼女は「そうそう、左のほうに腫瘍があるみたいよ〜」

私はその白玉団子に棒灸をあててみましたら、初めはあまり痛くないようでしたが、「だんだん痛くなって来ました」と。

そこにはやっぱりニョゴニョゴの二個の固まりがありました。これがあの腫瘍かもねー。その方は、内果の周りにもかなりの圧痛がありました。

お帰りになる時、「なんだか足が軽くなったみたいよ」と。そして棒灸を五、六本持っていかれました。

手術の時、「あれ〜、腫瘍がなくなっています」って言われたら、どう説明しようかしらねー。

東洋医学の考え方の中に、身体の臓腑の損傷は、表面（皮膚）に現れ、その部分に鍼とか灸とかの治療を行えば、ある程度改善されるといわれています。もしその白玉団子状のものが子宮内の損傷のメッセージだとすると、現在その部分を施術することで改善されるのでしたらどんなに良いことでしょうか。

全員の方がそうとも全く思いませんが、今現在ここにいる若い女性には必要なことと思いました。

それから、二ヶ月経ちました。一ヶ月目の時は、私はその方の治療をしていなかったため、その時の白玉団子状の様子は判りません。

その日、以前の時の半分以下にへこんでいました。「毎日棒灸をしています」と言っていましたが、台所の隅で黙々と棒灸って、なんとかわいいのでしょうかしらねー。そしてその効果のほどを聞くのは、とても勇気のいることでした。初めてのことだからですが、反応があってもその効果がなくては、何の意味もないからです。

彼女の話では「お腹の奥の痛みが少し消えたようです。いつも痛み止めを飲んでいますが、重く痛いのが薄らいでいます」と言っていました。


メッセージといえば、当院だけ？　知っていることがあります。それは足裏にできる〝たこ〟とか〝ウオノメ〟のことです。

初めは何気なく見ていた、そのウオノメちゃん達って、当院が見つけた同名経絡上のラインに生まれるみたいです。例えば、足裏の親指のところは、肝経だったり。胆経などは小指の辺りにドッカンとあり、飴色にテラテラ光っていたりします。

患者さんの要望で、そこが痛いので、灸で焼き切って下さい、という人もいて、その部分を小さな灸で丁寧に焼き切りますと、なんと不思議なことに、そのラインはやわやわになり、胆経などは、面白いほどホニャホニャになります。

督脈などを傷んでいる人は、足裏のど真ん中にあったり、耳の悪い人は、耳の治療穴にボッ

ツンがあることもあります。全員がそうだとも言えませんが、当院ではよくあるパターンです。（図2）

ある時テレビで、芸能人を集めて、ウオノメなどのことを放映していたことがありますが、担当の先生が、同経治療を知っているはずもなく、なんと答えていたのかは覚えていませんが、その芸能人達の多くは、足の親指寄りにありました。結構肝経・腎経が傷んでいて、ストレスが多いのでしょう。

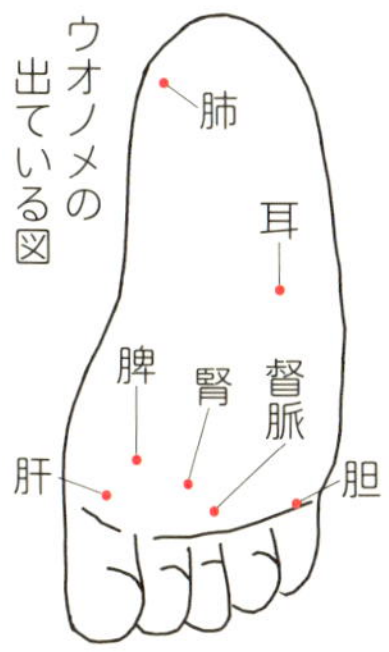

図2

さて、いよいよその命名ですよ。

私がどうしても付けたかった理由は、お隣りのベッドにいる人に知られないうちに治療ができればいいなぁーと思ったからでした。

私は、もえ先生に「○○っていうのはどうかしらねー」とか「では△△は?」と言っても「その名前ってねぇー」と笑いながらも、賛成できませんねっていうお顔です。

でも来月来院されるまでに決めなくっちゃ、と思い、私は「ふたば穴」って一応名付けました。

治療しているスタッフに「ふたば穴の治療は、もうお済みですかぁー」ってね。

※外陰部の悪い人も、内果の下辺りには、強い圧痛がありますが、その部分の棒灸の治療でかなり改善出来ます。

【子宮内膜症】

掌の中のもう一つのふたば穴

十一月の二週目の土曜日、最後の女性は子宮内膜症の女性でした。

一通りの治療が終わる五、六分前、私の手は伏して寝ていただいていたその女性の右手掌小指側の根元（中手骨より下の短掌筋）に触れました。それは横二センチ、縦四センチほどの少し圧痛のある部分でした。（図）

私はその時、もしかしたら内膜症に良いエリアかもしれない――と直感的に思いました。

「掌の中で見つけ出したい！」と思っていたからかもしれません。

その部分に和紙灸をした後、マッサージをしました。

その後、その方に上向きに寝ていただき、衣服の上から恥骨に触れますと、彼女は「左側が痛いですー」と言いました。

嬉しかった！　それはまだ施術していない方だったからです。

それから左側の掌のその部分に和紙灸をし、マッサージしていましたが、隣で治療しているもえ先生を呼んで、私と同じようにその部分をマッサージしてもらいました。

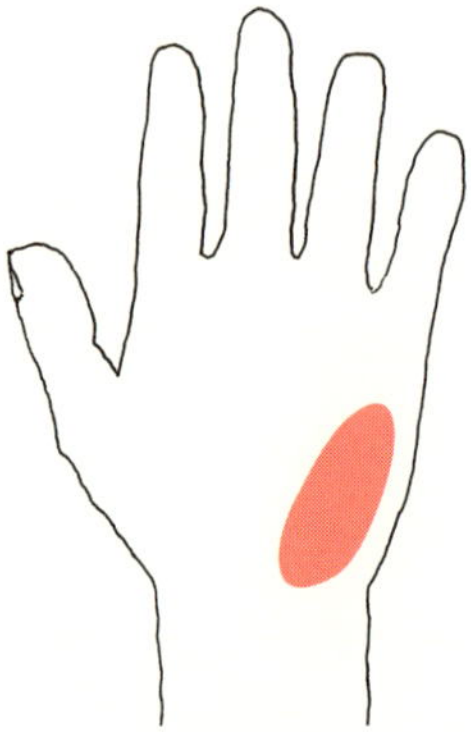

図

そして、その彼女に「私（ちほ子）と同じくらいですか?」と尋ねますと「いいえー」（それほど痛くありませんの意)。

それで、もえ先生に「もう一度、少し強めのマッサージをしてみてください」と言いました。

それから私が再度、恥骨部分に触れますと、今施術した左側が凹んでいて圧痛が無く、その前に治療し、右側にまた圧痛があり、彼女も「まだ痛いです」と。

私は再度、右側をマッサージしました。圧痛は、手首横紋まであり、施術後、衣類の上からの切経では、恥骨が直接触れるほどに腫れは引いていました。

彼女は「少し前、痛み止めを飲もうと思っていましたが、痛みが消えたので、もう飲まなくてもいいようです」と、笑顔でお帰りになりました。

後片付けの後、一人で夕食をいただきながら、なぜあの部分なのだろうか——と思いながらも涙があふれてきました。

肩甲骨周りの治療

その日、新しい治療法を見つけて、明朝、恵子先生にお知らせしなくては――と少し浮き浮きしていました。正午近くになって施術している恵子先生のほうを見てみますと、私が見つけたばかり？　の踵の外側の部分に和紙灸をしているのです。

私は、「恵子先生、今どの部分の治療をされているのですかぁー」と聞きましたら、「肩甲骨周りの治療ですよー」だって。「えっ、それって昨日見つけたばかりですがー」と言いますと「以前からでーす」。すぐ、もえ先生が横から「以前も教えてただいていますよー」と小声で、「それも二度ほど」と、耳元でささやきました。私は、新しい治療穴を見つけたりしますと、すぐスタッフに伝えますが、それをすっかり忘れてしまうようでして……。

その肩甲骨の中央寄りには、魄戸穴・膏肓穴（図1）など、肺の疾患には良い穴があり、その上、その周りが固く張って自由に動かしづらいとか、腕が上がりにくく痛いなど訴えるには、どうしても肩甲骨の周りの施術が必要なようです。

その二、三例の話。

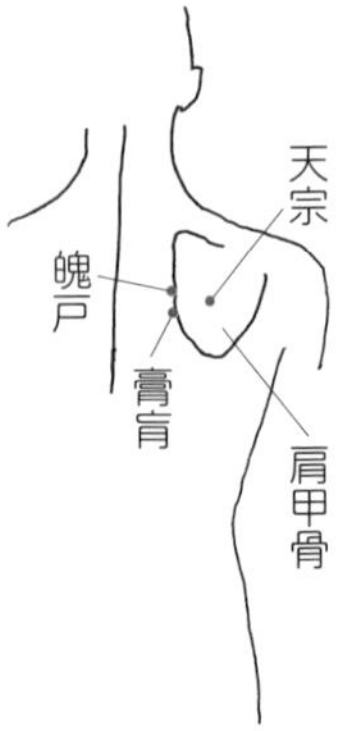

図1

もし、肩甲挙筋などが固く首まで張っている人は、首の治療も含めて踵の外側（外果寄り）から少し広めて、肺の治療穴に（当院の）和紙を踵にかぶせるようにして灸をすると、かなりの改善となります。（図2）また、足裏の親指側の治療でも可能です。（図3①）

踵での肩甲骨の治療の場合、踵骨隆起の足底方形筋の外側頭辺りが肩甲骨の下角のようで、その部位が背中に張り付いて手が上がらないという人には、その部分（図2）に少し大きめの和紙灸が良いようです。

また、足の親指での施術の場合、親指を囲むように和紙灸をしますが（図3②）、その後、種子骨と第二指間の少し強めのマッサージで肩甲骨は緩みます。

さらに前記のその部分に反応（圧痛）がない場合、当院で小腸経の治療ラインの腓骨頭陽陵泉横の凹へ、少し大きめの和紙灸及びその後の棒灸などの施術で肩甲骨は緩みますが、いずれもどうしてその部分で肩甲骨の治療改善になるのか判りません。

さらに私の知らない、もっと良い穴があるのかもしれないと思うと、少し怖い気もします。

肩甲骨のほぼ中央に〝天宗穴（小腸経）〟（図1）という穴があり、多くの人に圧痛がありますが、その天宗穴のツボの深部は〝肺〟に相当し、その部位の灸も天宗穴には良いようです。

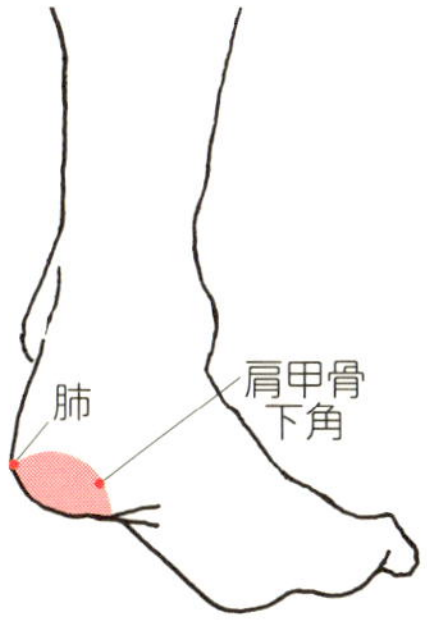

図2

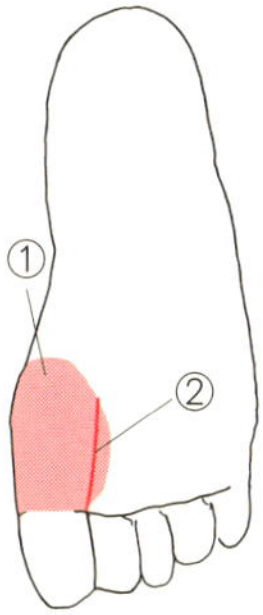

図3　肩甲骨内側

不思議なのは膝の治療にも良いとも思われる〝鳥の手羽先〟（『ようこそ菜の花治療院へ』74頁）と、ほぼ同じ場所ということです。もしかしたら肩甲骨の治療をしている間に、膝もいくらか治っているとも考えられますが――。

ところでその肩甲骨周りの踵の方の治療は〝サトデン〟（本書58頁）という大転子の周りにも良い治療穴がありますが、ある時スタッフが、肩甲骨が改善される時、案外サトデンも治っているのかもしれませんね――という話になりました。

私達はひたすら〝サトデン〟で大転子の治療を――と思いつつ施術していますので、肩甲骨周りも、ついでに治るかも――などとは考えられなかったのでしょう。思い込みが激しいのは視野狭窄的かもねー。

同時に切経してみますと判ることですが、考えてみますと、肩甲骨周りが固く張っていますという人と、腰の大転子のところが痛いですという人が、同時に訴えるかどうかでしょう。今までそう訴える人がいなかっただけのように思っていますが、それに気がつくのが遅かった私達が怠慢だったのかしらねー。

しかし実際、大転子などの治療は、小さい部位ですが、少しの灸では治らず、反応のある部分に、小さいながら三、四度施術する場合があり、ついでに治ります――とも言えないようにも思います。

【首】

むち打ち症

十二月末　午前中、隣のベッドでは、もえ先生が治療していました。「〇〇〇の骨が曲がっていて、少し痛いので整形病院でレントゲンを撮ってもらいましたが、年のせいでしょうなどと、治してくれそうにもない返事なのよー」という話が聞こえました。

私は、「一体どこの骨のことなのでしょう、どれどれ」と近づいて話を聞いてみましたら、手の指が内側のほうに曲がっていて、昔の女の子でしたら〝おはじき〟が手の甲のほうに乗らないので少し悲しくなるというような手でした。昔私は、おはじきがいっぱい乗るようにと、掌をそらしていたものです。

私は、彼女の話を聞き、中指の爪側に細長い和紙を貼り、小さな灸をチョンチョン乗せて二度ほど施術しました。

彼女は「アラアラ、真っ直ぐになって痛くなくなりましたぁ～」と。

胆経の治療ラインでした。

彼女は、「その中指だけで充分です」と言いましたが、「ついでに第二・第三指の間にも灸をして下さーい」と言いましたので、またまた同じように施術しました。少しむくんでいたからですが、彼女は「あれー？　耳の方に気が上がっていったみたーい」だって。

初めに切経すべきでしたが、そのラインでどこが治るのか判りもしなかったにもかかわらず、確かに耳の横下の方が、付け根まで緩んでいました。

それは、第二指と第三指の間のラインですが、首の治療に良いということに、私自身驚きました。

後で知ったことですが、胸鎖乳突筋と僧帽筋の上端との間にある胆経の〝風地穴〟に達するラインでした。私は、「へェーッ、指と指の間に首に良い治療ラインがあるんだねー」と、驚くやら嬉しいやらでした。


その翌週、午後の昼食後、五分ほど遅れて治療室に入った私に、もえ先生が「○○さんが昨日スーパーで転倒して、むち打ち症になったみたいです。その日のうちに接骨院へ行ってみたようですがー」と。その男性は、いつも別の治療で来院されていましたが、「今日は、むち打ち症ですかぁー」と私。

そして私は、少し前に知ったばかりの首の治療をしてみることにしました。第二・第三指、第三・第四指など、それぞれ三本のラインです。

その時は、第二・第三指だけは、首の中央寄りの耳の後ろに良い治療ができるらしい、くらいの知識で、他のラインでは一体どこの首の部分が改善されるのかは、判っていませんでした。

それでも治療が終わった時、彼は「あー、びっくりしました。すっかり治りましたぁー」とニコニコしてお帰りになりましたが、私はまだ充分ではない治療法だったため「治って良かったですねぇー」と言っただけでした。

その翌日の朝一の女性の話です。

もえ先生が体調のすぐれない女性の治療をせっせとした後、そろーっと私に近づいて、「右の首がまだ治らないんです。昨日の治療をしてみましたが……」と。

私がその人のところへ行きますと、彼女は頸椎の横ギリギリのところを指でおさえながら、「ここがまだ痛いんですよー」と。

私が切経してみますと、第三頸椎辺りで小さなジャリのような固まりが、指にひっかかりました。

彼女は、「そこそこ、そこが痛いんです」

私は指でその部分をマッサージしてみようと思いましたが、すぐにいったん止めて、反応のあった第四・第五指の指の間に少し強めのマッサージをしてみました。第二・第三指、第三・第四指を切経してみましたが、圧痛がなかったからでした。

その第四・第五指の間には、首と同じような小さなジャリ石が詰まっている様子で、彼女は、「ちほ子先生、ペンチか何かでこすっているんですかぁー」と、大声で痛がっていました。

私は、「優しいちほ子さんですよ～」と言いながら一分ほどのマッサージ。小さなジャリ石は突然消え、首のほうの切経でも、すっきりと治っていました。ということは、第四・第五指は膀胱経の首の治療穴となりました。第二・第三指は首の前方、中央は第三・第四指の間となりました。

最近パラリンピックの話題がテレビで放映される時がありますが、〝もし当院に手に障がいを持った人が来院された時って、一体どうしたらいいのだろうかー〟と一瞬考えました。

ところが、そういう方がすぐに来院されたのです。

左手に大火傷を負い、指先だけチョンと顔を出しているものの、手首までぐるぐる巻きの包帯です。少しずつ治っているものの、今日も首は痛そうでした。

私は〝指間での施術は無理だなぁー〟と思った瞬間、〝では足ではどうなのだろうかー〟と思いつき、それぞれの足の指の間を切経してみましたら、圧痛があったのは、左の指の第三・第四指のところで、首では真ん中です。

案の定、とても痛がりましたが、治療後すぐに痛みは消え、首も治っていました。

患者さんは、「あ〜ら不思議」と言っていますが、施術した私も同じように不思議――と思いました。

突然の思いつきで始めたようですが、知ってしまうと、どうして判ってしまったのだろうか、と自分で不思議に思うことも度々あります。

さらに最近知ったことは、手の指間のそれぞれにオイルを塗り、少し強めのマッサージをしますと、「首が楽になり、頭が軽くなりました」という方も多いようです。ぜひお試しください。この小さなすすけた治療室で、日々何度か不思議なことが起きますよ。
全く油断も隙もない空間で、隙だらけの私には少々しんどいわぁー。

※指と指との間をサッと触れるだけで、首のどこが悪いのかが判るのは、とても良いことと思いますが、そこを傷んでいる人からは、少々嫌われるほど痛がりますので、ご用心、ご用心。

【肩】

迷い道くねくね

石狩市花川のほうからガーディナーが時折来院されます。

彼はその日、「身体の右の背中側全体が突っ張っています」と言っていましたが、私は左の肩が固く張っているのが気になり、そのほうの治療から始めました。

いつも肩の治療は踵の先のほうで施術しますが、彼の踵にはあまり反応がなく、さてどこで治療しようか——と考えました。

ところが以前見つけていた横承扶穴（『ようこそ菜の花治療院へ』151頁）に強い反応があり、その部位に少し大きめの和紙灸をしてみました。その後、棒灸を温めながら手でマッサージしてみますと、肩も横承扶穴もやわらかくなっていました。全身の治療後、立ち上がってお帰りになる時「激しく痛かったですぅー」だって。

フーン。あのマッサージが痛かったのかしらねー。優しくなでただけでしたのよー。

次の五十歳代の女性の患者さんも同じようにその横承扶穴が張って、両方の肩もカッチンと動きません。

もえ先生に「あの（横承扶穴の）治療はいかが？」と言ってみましたが、その前の男性の

「激しく痛かったぁー」との言葉で、少し考え、その辺りに効くと思われているサトデン（本書58頁）で施術したようでした。

　そうそう、大転子・腰回りの治療は、踵の外側で、当院はそれをサトデンで治療しますが、確かにその横承扶穴に近い部分です。しかし、施術後の肩はまだ固いままでした。

　私は少し考えました。

　横承扶穴はほぼ胆経です。（図1①）当院での胆経の治療は、足裏の外側ギリギリで治療します。（図1②）

　横承扶穴は下肢にあり、肩の治療に効くと思われているのは踵——となると、自ずと外果より少し踵寄りの和紙灸が良いのではないか——と考えました。胆経も含むからです。（図2）

　そして施術後、みごと横承扶穴も肩もやわらかくなっていました。

　彼女の名前はモトコさん。それでその治療エリアを〝モトコエリア〟としました。

　それ以来、〝肩のモトコさん〟とか〝モトコさんのー〟とかで、時折肩の治療に使っています。

　名前がついて大喜びするモトコさんですが、やはり嬉しそうなお顔をするって一体どういうことなのでしょうねー。

　その前日、ある若い男性の肩の治療を踵で

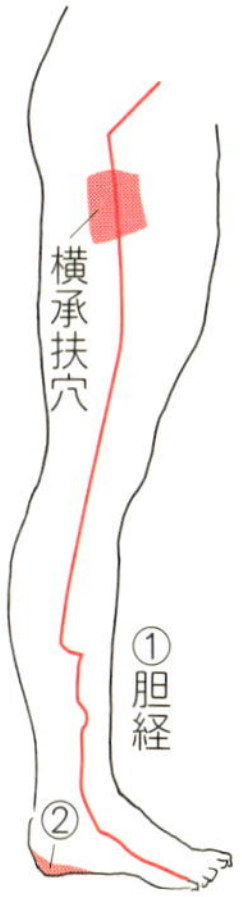

図1

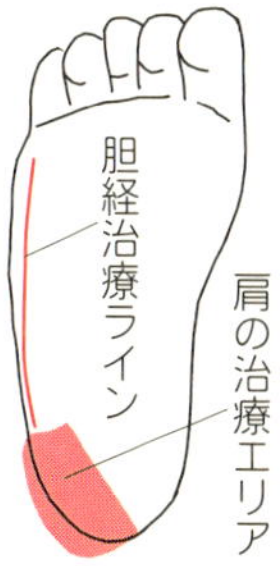

図2

施術してみましたが、あまりにも悪かったせいもあり、四度も和紙灸をしたのです。

その時、もっと早く治療効果のある穴はないものだろうか――と思っていた矢先のことでもあり、モトコさんの肩の治療法を知ったのは、タイミングとしては、ことのほか嬉しいことでした。

肩の治療であまり効果が出ない時もあるサトデン。少し警戒感がある横承扶穴。では一体どこで治療したら良いのだろうか――と迷いつつようやく見つけたエリアのせいもあり、やっぱり私は、思わず♬迷い道くねくね♬って鼻歌が出ましたよー。

肩・腕周りの治療

もうすぐ九十歳という男性が、「左側の腕が充分にあがりません」と、来院されました。

御本人が、腕の上げ下げに御不自由だったからですが、人はどんなに年齢を重ねても身体がすべて健全にいることを、強く望むものなのだ――と実感した次第です。当たり前の話ですね。

恵子先生は、腕周りに良いと思われる治療を色々考えながら施術し、九割以上の改善をみて、彼は喜んでお帰りになりました。

私は、その時の恵子先生のご苦労を見て、一度の治療で肩・腕周りに良い治療ラインを見つけられたら――と思いました。

そして、その翌日
朝一番、六十歳前後の御婦人が来院され、「両腕があがりません」だって。
しかしねぇ、昨日「傷んだ肩腕周りに良い施術ラインは？」と思っていましたのに、現実に今、そのような方がベッドに座っていらっしゃいます。
それを有り難く思い、なんとも不思議な感覚の中で、私の手が行ったところは――その治療部分は、腕の陽経三経の治療ライン上の一部ですが、そのためにわざわざ「二・五センチほど

またいで」（本書37頁）などと言い、施術しなかった（反応のなかった）ブラックスペースの一つでした。（図1）

　膝外側の半円形（図2①）を、三度ほどの軽い和紙灸の施術後、その御婦人は、バンザーイするというように、両腕をあげて「あらぁー、治っていますぅ」。

　なお、腕の小腸経（本書19頁図13）が特に傷んでいる人の場合、陽陵泉の少し上のほうの圧痛部分を含めた和紙灸が良いでしょう。（図2②）

※肺経が傷んでいる人は、膝周り半分だけでは充分ではなく、他の治療も必要とする場合があります。

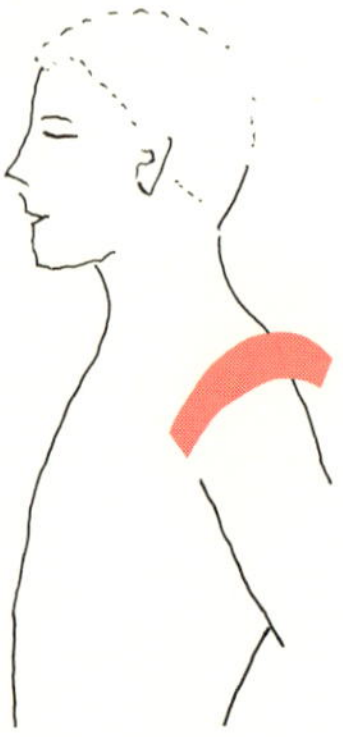

図1

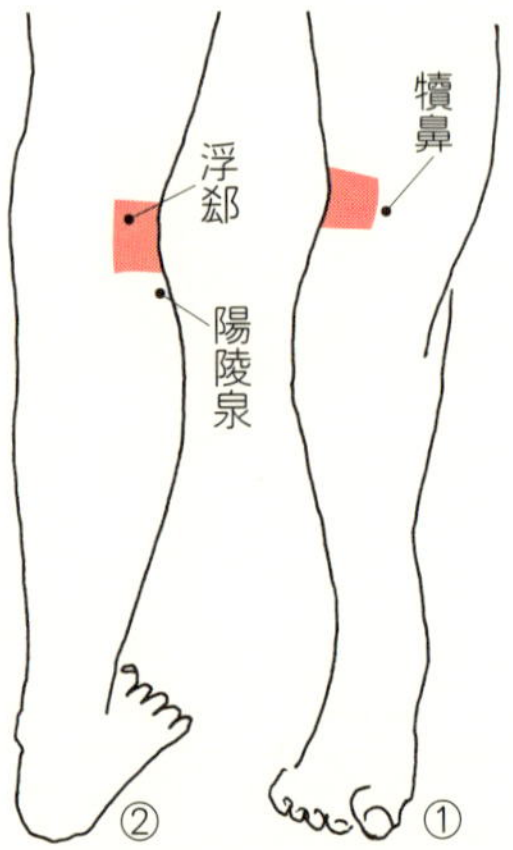

図2

手の親指で肩の治療

肩の治療を踵で施術してみても、首の根元から肩の付け根までが、ピーンと張っている方がいます。当院ではそのような症状の人の治療は、手の親指の付け根前後の和紙灸で施術します。（図1）

治療しながら、「どうして親指で治るのだろうかー」としばしば考えますが――。自分で見つけた治療ラインが、どうしてそこなのかと、私自身でもよく判らない時が度々あります。

ある日、肩のその部分が張っている人の治療を親指でしていましたら、その方が「いつも親指が付け根から痛くて、動かすのもままならず、物に引っかかるんですよー」だって。肩の治療をしているはずなのにねー。

その時私は、何気なく親指で肩の治療をしていたにもかかわらず、それがどういう理由で改善されるのか――考えていなかった自分に気がつきました。

経絡では肺経と大腸経は上腕を通りますが（体長循行路線）、それが肩を巡ります（体内循行路線）。（図2）

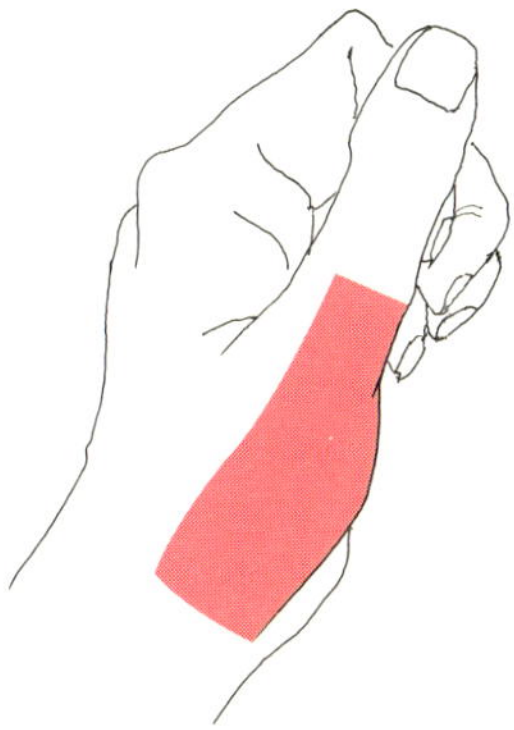

図1

肺が傷んでいたせいもありますが、メッセージは大腸経のほうにあったのでしょう。親指の表は、当院では大腸経の治療にあてています。

首の根元から肩の付け根のほうまで張っていた方は、人にもよりますが、案外肩や親指が痛かったのではないでしょうか？

肺と大腸は、思わぬところで関係しているようです。表裏なのですから――（当院では親指の表は大腸経です）

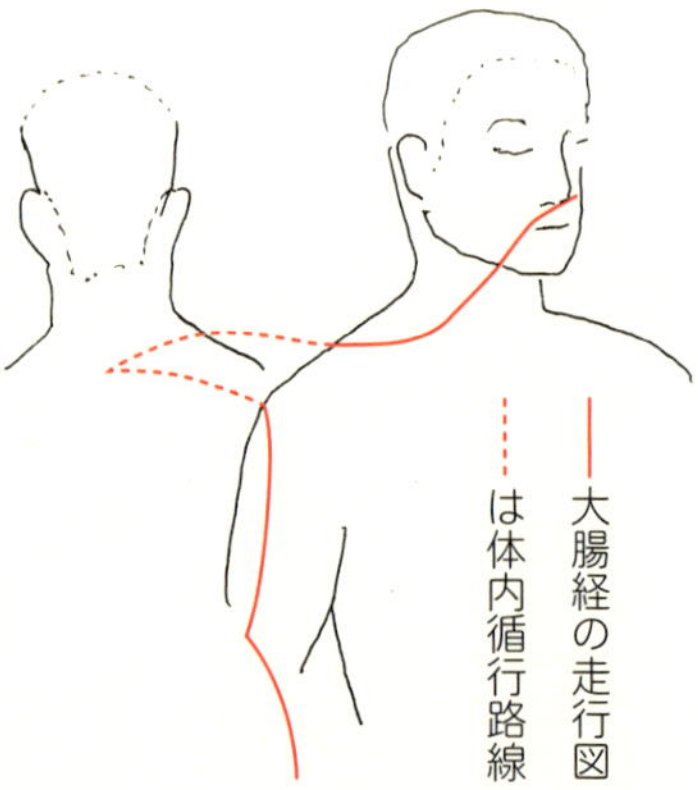

図2

初めに治療ラインを見つけ、後でその意味を患者さんから学ぶことが多くありますが、やはり患者さんに感謝ですね。

その他、首・肩の施術法

恵子先生は、治療の終わる頃、必ず「首の左右の具合はいかがですかぁー」と聞いています。多分、踵の部分で治療しているのでしょう。「まだ右のほうが少し…」などと患者さんが言っていても、ものの二分ほどもあれば治るようです。

首の他の治療といいますと——。

手首より少し肘寄り三センチほど（図1）から、親指の爪のほう、第二関節にまで、少し広め一・五センチほどの和紙を貼り、二列八個ほどの灸をした後、マッサージをしてみますと、首の張りには良い効果があり、大腸経の肩髃穴などの肩・首のラインが美しくなります。

伏していただいた場合、首の付け根大椎穴まわりが盛るように張っている人は、踵からアキレス腱を中心にして、広めの和紙、五センチほどに五列ほど二回の灸で、大椎の腫れはある程度ひき、すっきりした首になります。（図2）

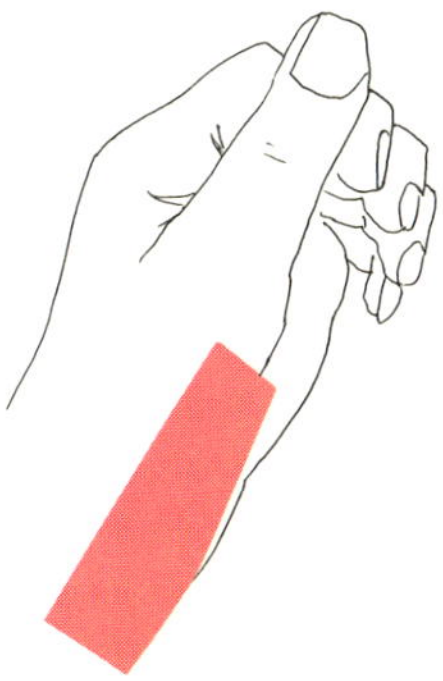

図1

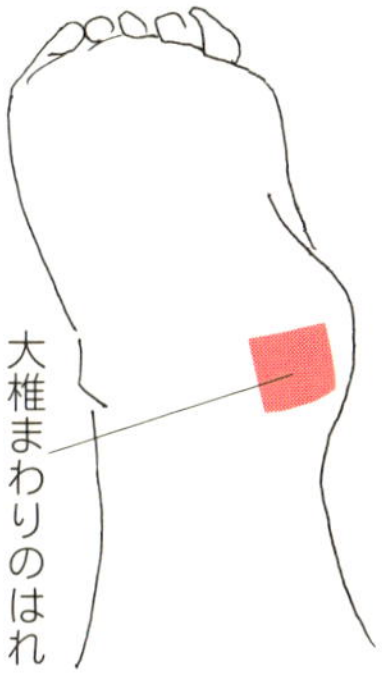

図2

最近特に毎回のようにしている首の施術法をお知らせいたします。

和紙を踵の少し外側にひっかけ、外果がかぶさる少し上のほうまでそれを貼り、灸の数は六列を五個ずつ一度施術します。

頸椎側が傷んでいる人は、踵の中央寄り、当院での大椎寄りというわけです。（図3①）

また、「喉に食べ物がひっかかる感じがします」とか「喉が痛いのですが」という人には、外果の横上のほうで改善されます。

さらにアキレス腱と短腓骨筋上の腱が、もったりと骨にへばりついている場合の人は、僧帽筋の外側と胸鎖乳突筋の間が傷んでいる人に多いようですが、足のその部分に長さ七センチほどの細い和紙灸を三列ほど行った後、骨膜を剥がすイメージでマッサージをしますと、ほとんどの人の首は改善されます。（図3②）

いずれにしても、首というだけあって、その治療が、手首だったり足首だったりするのは、首という名を付けた昔の人の知恵であり、すごいことだと思いました。

しかし、他の治療院での首の治療のことは、私は全く何一つ知りませんが、首に直接施術するより、手首とか足首などでの施術のほうが改善されるということを、いつも不思議に思っています。

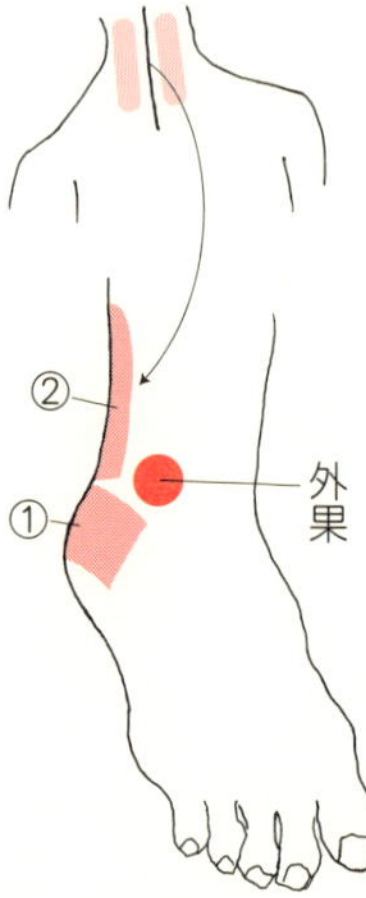

図3

前のページに記してあった、親指での肩の稜線部分の治療で、思うような改善がみられない時も多々ありました。（図4）

では、さらに良い治療ラインは一体どこにあるのだろうか——と考える日が続きました。

ある日の夕方、六十歳半ばの女性が来院され、堅く張った肩の治療後もなお、首の付け根から肩井穴（胆経・僧帽筋）より前面（頭板状筋？）に、やや太めの一本腱が張り付いていたように残っていました。

さて、美しい肩の稜線は、どこの施術で生まれるのだろうか——と。

そして私は、光明穴あたりから外果の先までの腓骨上に一列、二度の和紙灸を試み、その後、軽くマッサージをしました。（図5）

肩はストンと落ち、治療を受けた人は「肩がなくなったようよ」ですって。

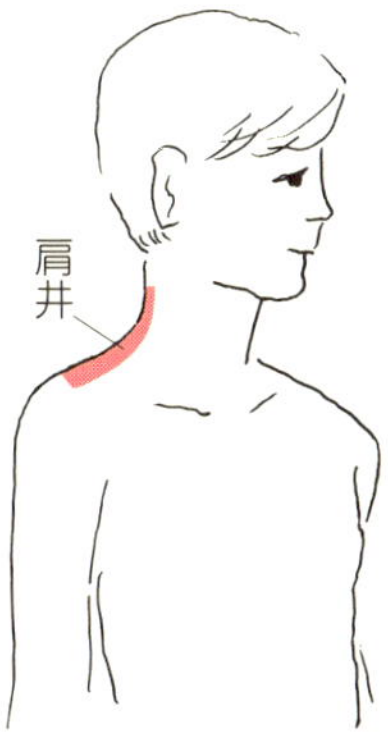

図4

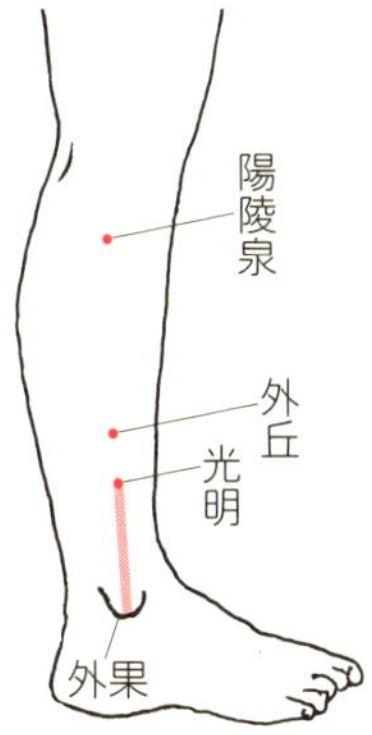

図5

掻痒症の人の話

それが湿疹なのか蕁麻疹なのか、またはアレルギー性の皮膚炎なのか、問診していないため、私には判りませんが、それら掻痒症に効くといわれている穴があります。

それは「百虫窩」（図1）と「治痒」（図2）という奇穴と胆経上の「風市」（図3）という穴です。

二ヶ月ほど前、四十歳少し前の男性が、その掻痒性皮膚炎で来院されました。

もえ先生と私、二人で切経してみますと、その奇穴「治痒」に反応があり、上腕の内側中央あたりが、長さ八センチ、幅三センチほど、固く溝のように上腕骨後縁にはりついていました。

その穴は、専門書では一点ですが、長い間痒かったせいか、すぐに改善されそうにもないほどで、その治療穴あたりの和紙灸の後、棒灸で施術してみま

図1

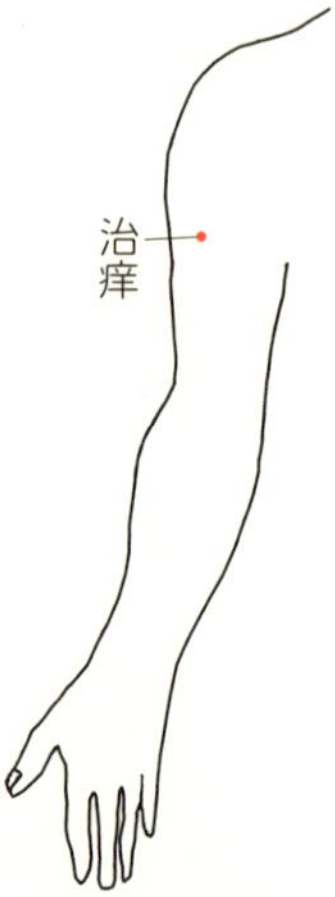

図2

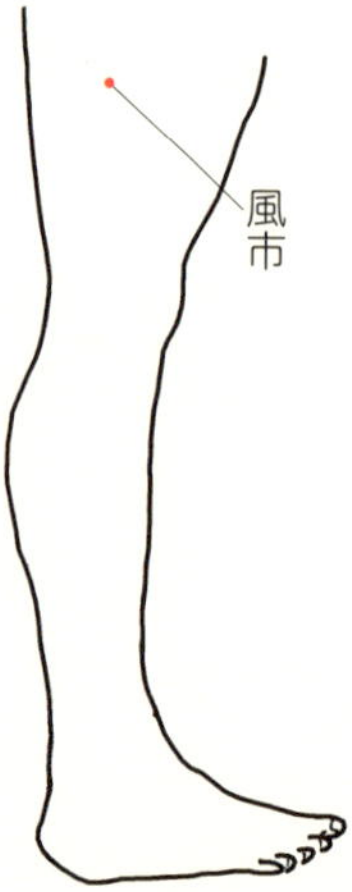

図3

しょう、と話し合いました。

その部分は、経絡でいうと主に大腸経と三焦経が少しかぶさっているラインでした。もえ先生は、その「治痒穴」を、丁寧に時間をかけて施術しました。その治療部位は、三角筋の下縁、停止部にまで及びました。

彼は、全身の痒みも治まった様子で、嬉しそうにお帰りになりました。

しかし、その翌週もまた来院されました。彼は、顔、目、そして首までも赤く、多分全身も痒かったのだと思います。その時は私が担当しました。

まず治痒穴ですが、その穴自体を施術するのに時間がかかることは、先日のもえ先生の施術で充分知っていました。身体や他の部分の治療も必要だったせいもあり、短時間で治療できるエリアはないのだろうか——と考えました。

足裏では？

治痒穴がひっかかる三焦経は、足裏では踵の少し外側、大腸経はその横です。（図4）

その部分で治るはずだ、と思いました。

私はその踵の部分を、広めの和紙で十二個ほどの大きめの灸を三回施術した後、棒灸で温めました。時々上腕の「治痒穴」を切経しながら五、六分。しかし、上腕のその部分には肩寄りに、まだ三センチほどの固さが残っていました。

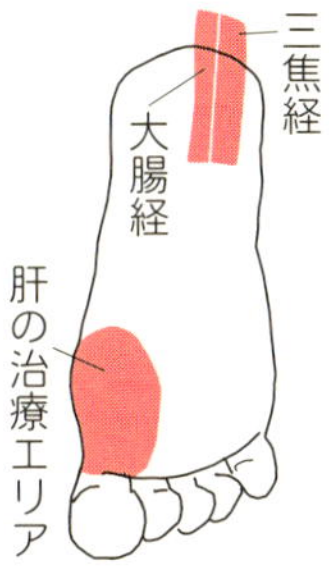

図4

私はその踵よりアキレス腱のほうに圧痛があるのを知り、そこにも灸をしました。

二分ほどの施術でした。

すると見事に「治痒穴」は緩んでいました。


もう一つの治療穴に胆経上の「風市」がありますが、ある七十歳代の男性の話です。

その方は、お会いするなり「頭の中まで痒いんです」と言いました。頭の中まで――ということは、多分全身も痒いということでしょう。

その方の身体を切経してみましたら、特に胆経が固く張っていました。

まずサラッと足裏で胆経を施術しました。すると「風市穴」に良いと思われる穴が、その足裏の胆経上に現れました。

足裏での風市治療部位は、足の小指寄りの甲と裏、両方にまたがり、しこりと圧痛があり、そこが治療穴だと直感しました。（図5）

圧痛は、幅三・五センチほどのほぼ円のようでした。

私はその部分に、棒灸で約十分温めながら、マッサージをしました。固く張っていたその部分も、胆経上の「風市穴」も、やわらかくなっていました。

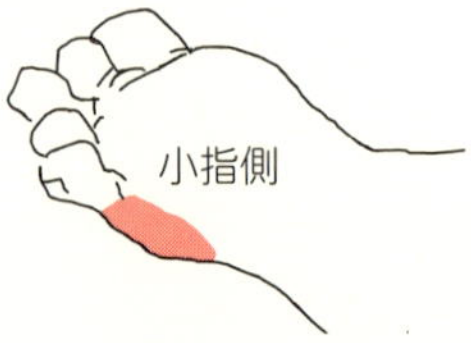

図5　風市穴の治療穴

その数日後、ある掻痒症の方に「風市穴」の治療を、足の小指側でしましたら、やはり頭のほうの痒みが取れました――と言っていました。

胆経は、頭を二回ほど巡って、足のほうに流れていく経絡ですが、「風市穴」の治療は、頭の中の痒みには良いのでしょう。

では「百虫窩」は、どのような治療エリアなのだろうか――と思案中でしたが、後日談を次の項に記します。

※「百虫窩」は、足裏では肝経の治療でやや改善されます。大腿内側広筋は肝経で、「百虫窩」を通過するからです。（図4）

【百虫窩】

アレルギー症の人の小さな治療エリア

時折来院される六十歳代の女性。その都度、どの経絡も傷んでいて、全身を治療するのには少々時間を必要としていますが、この日はアレルギー症状も出ている様子でした。

今まで足裏の経絡でなんとか治療をしていましたが、今回はズバリ、アレルギー症状の方に効くエリアを見つけ出そうと思いました。彼女は「百虫窩」のようでした。

百虫窩は、下肢の内側にあり、多くの虫がそこから出て、全身を這い歩くような痒み——ということでついた名前のようです。

私の指は、左足の親指と第二指の股に引っかかりました（図1）。御本人も「イターイです」と、いかにも痛そうでした。

その部分の治療後、「まだ頭と首に痒さが残っています」との患者さんの訴えで、Uの字のみの治療では不十分だと知りました。その訴えで知った圧痛の部位は、親指の第二指側半分と、その指のつけ根（根元）でした。（図2）ほかの指間には圧痛はありませんでした。

そこでの和紙灸は少し面倒なところでもありましたが、小さな灸十個ほどを二回施術しました。する

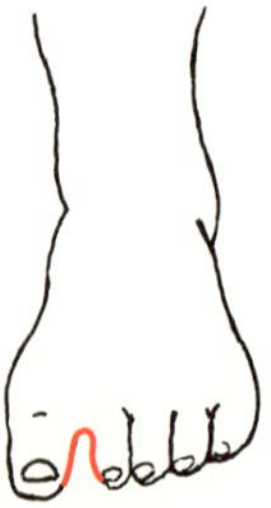

図1

図2

と彼女はすぐ「なんだか顔の痒みが消えたようです」と言いました。

右側のそれにあまり圧痛がありませんでした。


その翌日、午後最後の患者さんは、前日の彼女よりひどいアレルギー症状の四十歳代の男性の来院でした。その方も同じ部分に圧痛がありました。

施術後、腕の内側が固く白っぽい粉が吹き、カサカサしていた皮膚が少し滑らかになっていました。

彼は「痒みが治まりましたよ」だって。

私は嬉しさのあまり、「本当のことを言ってくださいねー」と二、三度言わずにはいられないほどでした。

アレルギー症の方が、全てその部分の施術で改善されるとは思いませんが、昨日、今日の人にとっては良い治療エリアだったことを、幸せに思いました。しかし、もっと早く見つけて差し上げられたら――と思うと、胸がギューッと縮む思いもしました。


その六十歳代の女性が二週間後に来院されました。

私は意気揚々と足の親指と第二指間を切経してみましたら、圧痛は少しもありませんでした。

「ドヒャー！　なんじゃこりゃー」

私は自分の思い上がりに声が出そうに驚きました。それは不思議な感覚でした。宝石満載だったはずの宝箱が空っぽになっていて、まるで海賊船に襲われた――と思ったほどでした。そして指が行ったのは、やはり奇穴、百虫窩（本書120頁図1）でした。

陽経では胃経、陰経では脾・肝経が非常に傷んでいましたが、大腿内側広筋中の「百虫窩」に強い反応があり、その部分の和紙灸、パイオネックスの置鍼でおさめました。それは彼女には良い治療となりましたが、私にとっては、治療穴がいつもそこにある――と思い込む諫めにもなりました。

彼女は、腕の湿疹の治療穴〝治痒穴〟（図3）にも反応がありましたが、それは置鍼のみでおさめました。

私が思うに、百虫窩は肝と脾、風市はもちろん胆経ですが、治痒は、肺・大・三焦経の治療が良いのかもしれないと考えています。

もちろん簡単にパイオネックスのみの置鍼でも治る場合もあります。

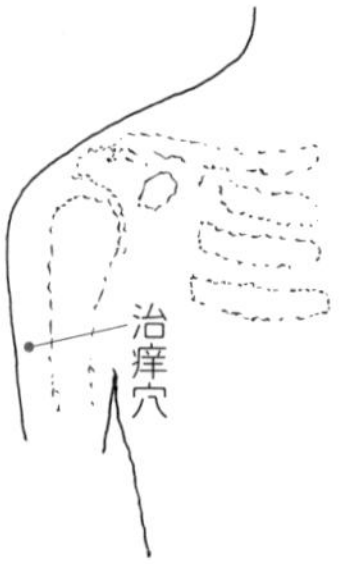

図3

※頭とか首まで痒い人には、足の親指とその根元まで反応があり、その部分の和紙灸も良い。

経絡上の爛れと痒み

ある女性が治療の途中で、「脇の下がひどく痒くって何種類かの軟膏を塗りましたが、治りません。カミソリ負けかと思うんですがー」と。

右腕を切経してみましたら、手少陰心経が傷んでおり、脇の下をみると、その心経の始めの穴の極泉穴の周りに親指大のものが二個、小指ほどのものが一個、重なるように爛れていました。（図1①）

その部分に大きさ五、六センチほどの和紙灸を施術した後、極泉穴から切経では少海穴（図1②）までが、太いラインで圧痛があり、そのラインも和紙灸をしました。（図2）極泉穴は禁灸穴ですが、和紙灸なら治療が可能です。

時々、肺経（図2）が傷んでいる人が、〝魄戸〟（図3）に、胃経の人は〝豊隆穴〟〝下巨虚〟（図4）辺りに爛れとか痒みがある人がいます。御本人は、「どうしてそこが痒くなるのだろうかー」と思ってしまいま

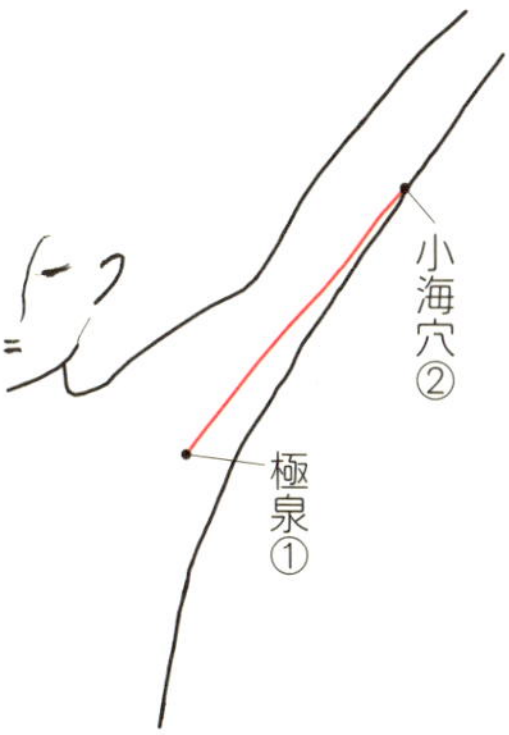

図1

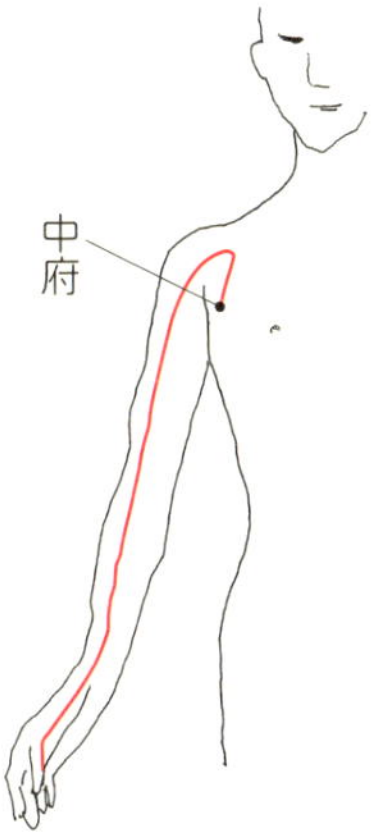

図2

すが、その経絡上の一部の穴の周りに反応があるようです。

しかし、その経絡を治療してみたところで、すぐにその痒みが消えそうもありませんが、極泉穴の痒みの人は、次の来院時にはほとんど消えていて、左側のほうに少し痒みが現れていました。

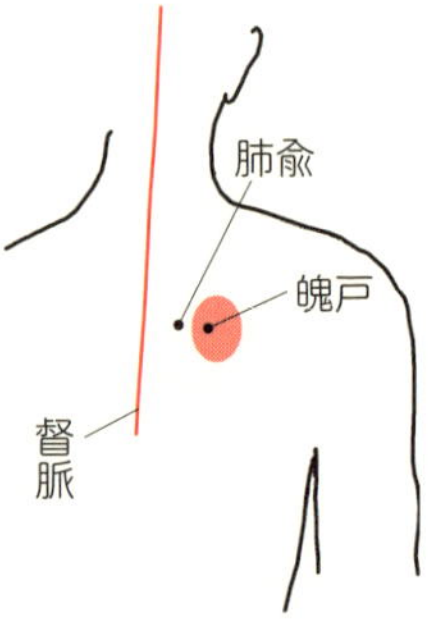

図3

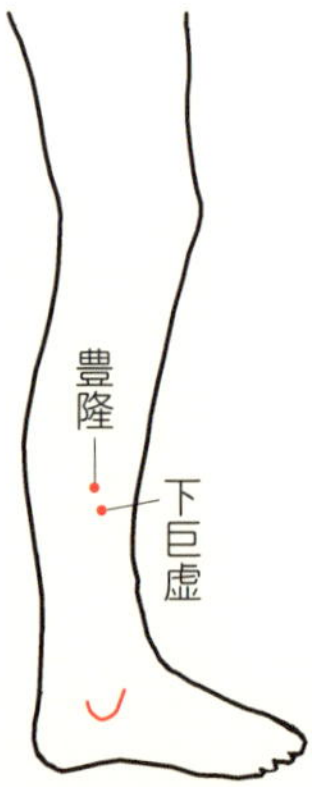

図4　胃経

〝魄戸〟にずーっと以前から痒みがあります、という患者さんが来院されました。大きさは百円玉ほどです。

〝肺〟の治療をして三ヶ月経った頃、その魄戸穴は跡形も無くスベスベしていました。

経絡の傷みは、体表面に様々に現われ、「早く、早く、治しておくれー」と言っているみたいです。

【顔のマヒ】

足の親指の不思議

今日、主訴が「足のしびれです－」と六十歳代の男性が来院されました。

全身の治療がほとんど終わる頃、しびれの治療のために足の十宣と八邪の施術をしようと足に触れた時、私は「お顔が少しマヒしていませんかぁ－」と尋ねてしまいました。

彼は、「先生、よく判りましたね－。口のところがピリピリしてしびれているんですぅ－」と。

その前日の話。

顔の左半分が、もう三十七年も前からマヒしています——という七十歳代のご婦人が来院されました。三十七年前ということは、三十歳代の頃なのでしょう。

顔のマヒは、その部分に丁寧な和紙灸でかなり改善されることは、以前出版した本にも書いてあります（『ようこそ菜の花治療院へ』63頁）。

しかし、顔の左半分の和紙灸での施術では、他の治療はほとんどできず、無理のように思いました。

どこか他に治療穴はないのだろうか、と足指を切経してみました。

右側には反応がなく、左側の親指にかなり圧痛があるのが判りました。そして和紙灸を何度かしてみましたが、なかなか熱くなりません。

途中で「いかがですかぁー?」と聞いても、「あまり熱くありません」だって。確かに熱くなるはずですのに――。

口の周りにも、あまり変化がないようでした。

それから棒灸を使用することにしました。棒灸の良いところは、指で圧痛点を確認しながら施術できることです。

切経してみますと、圧痛のある部分は、親指の四分の三ほど外側のほうでした。

施術中、その婦人はお口をモグモグさせながら、口周りを確かめているようでした。

「ホッペが冷たくて、いつも寝る時はマスクを外せないんですよ」と言った後、四、五分経って「なんだか口の周りが温かくなってきましたよー。でも、まだ口の周りが動きづらいです」

なるほどね。親指の付け根のところに、まだ少し固いしこりが残っていました。

その二、三分の施術後、「痺れがだんだんとれてきたようです」と。そしてその後すぐ、「よく舌や唇を噛むのですが、それがなくなってきましたよ」だって。

私は「あのねー、悔しい時だけ唇を噛んでね~」

という訳で、彼の口周りの痺れのメッセージが足指の先に届き、私の手の指に引っかかったのです。

それは、棒灸で二、三分の施術で治りました。

「あれ～？　痺れがなくなりましたぁー」と言うのを聞いたスタッフ達は「ドレドレ、それってドコドコ」と走り寄ってきて、ハァ？　フム、フム……。（図）

開院からしばらくして来院されている、六十歳代の女性の話です。

ある時から左手、左足が治療中もバタバタと大きく震える症状が現れるようになりました。

どういう理由でそうなったのかを聞くこともできず、また聞いたところで、当院でも治療できるとも思えず、彼女もそのほうの専門の病院へ行っているはずと思い、私はこの治療院の方法で、他の傷んでいる経絡治療の仕事をするだけでした。

しかしある時、「この手足の震えに効くかどうか判りませんが、足指での治療をしてみていいですか？」と聞いてみましたら、「どうぞ、よろしく」ということでした。

そこで足裏を切経してみますと、左足指だけ圧痛がありました。

それから三回ほど来院されましたが、その患者さんが言いますのには「大体七割ほど良くなりました」ということでした。

事実、施術中での手足の震えは、以前より少し治まっているように感じました。

しかし、その治療の後日、足指の反応はなくなっていました。私の指の感覚では拒否でもさ

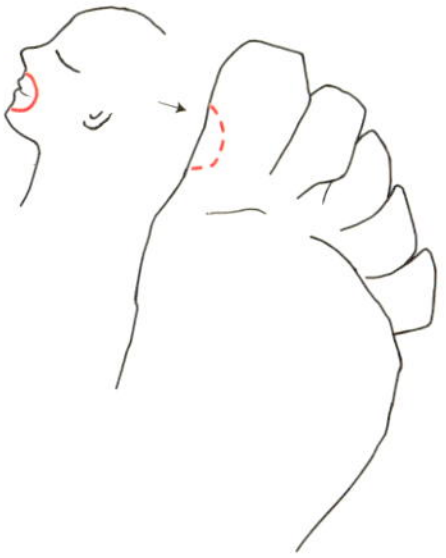
図

れたように思い、とても不思議でした。

もう一つ、若い女性の顔の痺れの話です。

もえ先生が、その女性の顔のほうに和紙灸をしている様子を見て、「もえ先生、一体どこを施術しているのですかぁー」と尋ねました。するとその彼女が「おせんべいを食べ過ぎて口がしびれてきましたので、もえ先生に和紙灸をしてもらっています」と言いました。

私は、まてまて、口周りの治療は足の親指で――と思っていた矢先でしたので、「足の親指で治療してみますよー」と言い、「おせんべいの食べ過ぎで口は痺れないと思いますがー」と言いながら、指を切経してみましたら、口というだけあって、足の親指外側の下のほうに小さいしこりがありました。

彼女は、すぐ治りましたよ。それに舌のもつれにも良いようです。

親指は、指の親というだけあって、責任感が強くて、頭の周りのことは「オレにまかせろ!」とばかりに、いろいろなことを引き受けるのかもねー。

痛風の人の話

五月の中頃、今日の最後の女性は治療室に入るなり「痛風で足指が痛くって死んだほうがマシだと思うほどでしたよ。あまりの痛さで昨日病院へ行って痛み止めの注射をしてきましたが、まだ痛いんです」と。

私は「痛風の人って、まだお会いしたこともないし、ましてや治療なんぞしたこともないですので、治るかどうか判りませんよー」と言いました。

彼女は「そんなこと言わないで、治してくださ～い」というわけで、治療することにしました。

まず、上向きに寝ていただいて、その痛風になったという足を見ましたら、切経するにはその気も失せそうなほど、足の親指周りが紫がかった赤茶色で、ブカーンと腫れていました。

最初に甲側の親指とその周りに和紙灸をし、十宣と八邪も小さな灸で二回ほどしました。
(『ようこそ菜の花治療院へ』105頁)

その後、伏していただいて、再度親指を見てみましたら、脾経の陰白・大都・太白までもが腫れていました。(図1)

そのラインは、当院では任脈の膻中前後の治療にあてていて、呼吸も浅いのだろうと思いました。（『ようこそ菜の花治療院へ』137頁）

足の親指は、肝経と肩甲骨の治療にもなります。

私が「肩甲骨も痛かったのでしょう？」と聞きますと「そこが痛くて揉んでいましたよー」。

肩甲骨に肺兪もひっかかっていますが、手が届いたのかしらねー。

肺も任脈も傷んでいる様子で、「呼吸も苦しかったでしょう？」と言いますと「うん、うん」。

肩甲骨を切経してみますと「天宗穴」に強い反応があり、その治療は、足裏の種子骨の真ん中にあり、その部分に少し大きめの灸を二度ほど。（図2①）

それから親指を和紙で包むように細かな灸をまんべんなく施術しました。当院で肝の治療は、その部分でしています。

その後、〝肺〟の治療には、踵の先のほうの小さなエリアで治しました。（図2②）

恵子先生の「おいしいものを食べたのですか？」との問いに「いいえ、別にー。普段と同じでしたよ。でも病院では尿酸値が少し高いですねーって言われました」だって。

肝は〝血〟を蓄えて全身に供給するという働きがありますが、〝疎泄《そせつ》〟という働きもあり、

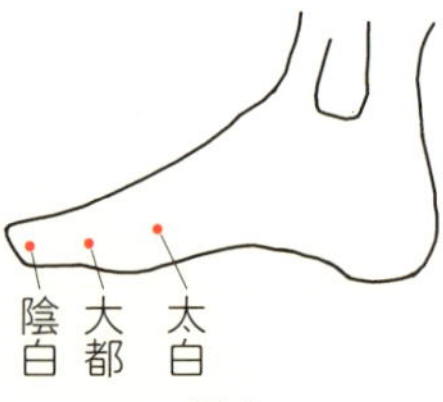

図1

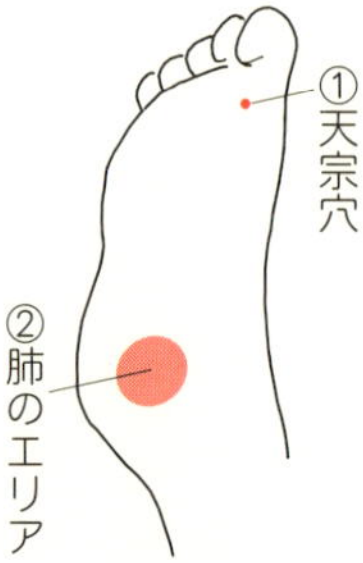

図2

物質の解毒・分解を指示したり、処理・排泄をうながしたりもします。

彼女は、その肝経と肺も傷んでいるため、栄養素や酸素を行き渡らせることがままならず、その経絡上の許容範囲を越えて、たまたま痛風という症状が現れたのではないだろうか——と、私は考えました。

やっぱり彼女の場合、働き過ぎなのでしょうかしらねー。

まだ充分には治療されていないため、反応が残っていた任脈の華蓋・璇璣・膻中、腎経の神封穴（図3）に置鍼をし、時間内に治療を終えました。（治療時間は一時間です）

私としては充分に治せなかったと思うものの、それでも彼女は、「すっかり痛みが消えましたぁー」と明るい声でお帰りになりました。

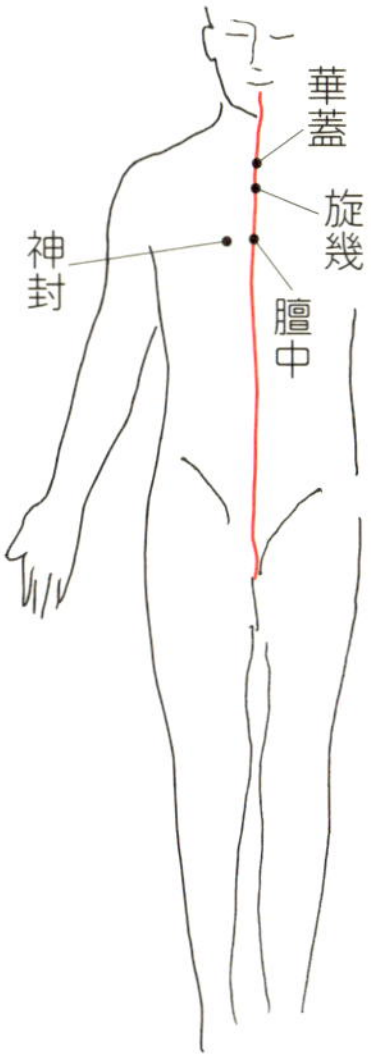

図3　任脈

※治療は、ほとんど足の親指周りの和紙灸で終わりました。
※肩甲骨の真ん中の「天宗穴」は、深部では肺に相当するらしいです。（102頁図1）

【呼吸】

マルちゃんエリア

もう六、七年前、マルちゃんという利口そうな中型犬を飼っている御家庭の方が、夕方、二席予約を取っていました。

来院された？　のは、その御家族とマルちゃんという名の犬でした。なんと私は、そのマルちゃんの治療をするはめになったのです。

私が「えっ、私は獣医ではないのですがー」と言っても、その御家族は「うんうん」と嬉しそうでした。

私はその時の治療を一つも覚えてはいませんが、なんだかその傷んだ経絡は、御家族と一緒なんだなぁー、という記憶だけが残っています。

その時、マルちゃんの治療は銀鍼で行いました。

治療の後、クルンと股の下に入っていた尾がピンと上に跳ね上がり、お尻の穴がハッキリ見え、元気になるとお尻の穴が見えるんだーと私は初めて知りました。栗毛色の毛並みもピカピカ輝いていました。

その時、お母さんのほうの治療もしていて、呼吸が浅いのに

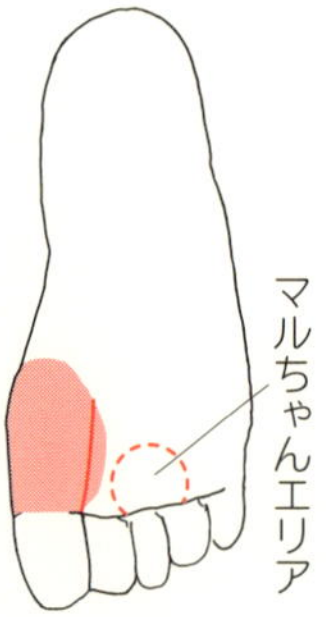

図

気がつき、その治療穴を足指の図で見つけ、愛犬の名をとって〝まるチャンエリア〟とつけたということです。

和紙灸より棒灸のほうが効果があり、その部分がやわらかくなった時に呼吸が楽になります。どうしてそのエリアが呼吸と関係があるのかしらねー。

自分で見つけていながら、判らないことばかりですよ。

耳の治療穴

この〝菜の花治療院〟に耳の不調を訴える方が、度々来院されます。治療の初めから「耳鳴りがします」とか「耳の中に水がたまっているみたいです」とか。また他の治療の途中で「最近聞こえが悪くなったようで、テレビの音量を注意されます」など。

私達のほうから他の治療の途中で「もしかしたら、耳が悪いのではないのですかー」と聞く時もあります。

それぞれの症状は異なるものの、かなり改善される人も多いように思っています。

十二年ほど前のことですが、耳のことで来院された五十歳ぐらいの男性がいらっしゃいました。彼がどこの人で、何をなさっているのか、問診をしない私は、何も知らずに治療を終えましたが、その人の話では――自分が五、六歳の頃、聾唖関係の施設に通っていたとか、入っていたとか。

その説明の語り口も、やはり聾唖の人のようでした。ボソボソと何やら話しておられましたが、私はほとんど覚えてはいません。

耳の治療法など全く知らず、「困ったことになったなぁー」と思いましたが、指や手のおもむくままに、一生懸命和紙灸をしました。

そして一時間後。

彼はベッドに座り（二台しかない奥のほうのベッド）「もう五十年も耳の聞こえにくい生活をしてきましたが、もっと早くここに来るとよかったのに……」と男泣きしていました。

本当に涙をふきふきそう言ったのです。耳は良くなっていたようでした。

私は、精一杯だったものの、その様子をみて、一体私は何をしてさしあげたのだろうか？何も判らないままに治療したのに――と自分に恥じ入り、ただ黙って突っ立ったままだったように記憶しています。

どうして治ったのでしょうか。今でも不思議です。

その耳の治療方法のことですが、以前の本には〝めまい〟のことしか書いていなかったようです。（『ようこそ菜の花治療院へ』67頁）

考えてみますと、その耳の治療穴をどうして見つけたかということは全く思い出せませんが、多分、その治療穴はどこにあるのだろうか――とずうっと考え続けていたのでしょう。

以前は、足裏での胆経治療の小指根元のようだったと思いますが、圧痛はあったものの、治療穴までにはなっていないように思いました。（胆経の治療は耳に良い経絡です）

まず耳の不調を訴える人は、足の裏の一点（二センチ大）に圧痛があります。（図１）

切経の段階で、かなり痛がる人もいますが、その一点に棒灸を五、六分、マッサージしつつ温めますと、圧痛が薄れてきます。

両足のそれは、圧痛の度合いが異なりますし、小さい部分ながら、大きさもマチマチです。

さらにその一点から、足の中央のほうに伸びて痛がる人もいますが、私が何気なく「内耳のほうかしらねー」と言いますと、患者さんは「内耳も悪いんです」と。

いずれも棒灸で温めながら施術しますが、指では細部の圧痛を知ることになり、和紙灸より良いようです。

圧痛が消える頃、「耳がすっきりしましたー」とか「あと残り一匹のセミがいるだけですー」などと言ってくれます。

当院では、その穴の棒灸のみでなく、耳を養うといわれている三焦経・小腸経・胆経などの治療をしていますが、その穴のみの棒灸の施術だけでも改善されるのではないかと思っています。

不思議なことに、その穴のあるラインは、当院では帯脈の治療にも役立てていますが、耳の圧痛がはっきりしていますし、帯脈の治療ラインの半分の長さぐらいですが、案外、耳の治療で帯脈の改善にもなるのではないでしょうか。

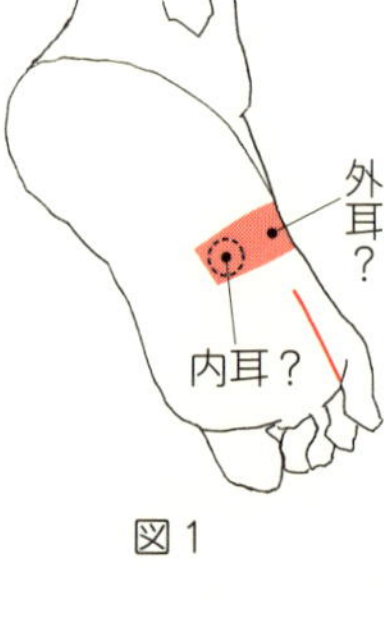

図１

帯脈と耳とはどんな関係があるのかしらね。私には判りませんが、帯脈に通じている八脈交会穴の足臨泣の主治に「眩暈」もあり、案外それが耳の治療に関係しているかもしれないと思いました。

時折、耳の治療をしている時、あの日の男性のことを想い出します。今、なにをしていらっしゃるのだろうか——その後、耳の具合はいかがかしら——など。

たった一度きりの来院でしたが、印象深く残っているできごとでした。

でも、もしかしたら、あれは夢だったのでしょうか……。

その後、胆経にも耳にも良い治療ラインを見つけました。

足裏の指、第五指と第四指の間、中足骨までは、溝のように深く指が入るところがありますが（図2）〝聴会穴〟（図3）に強い反応がある人には、とても良い治療ラインです。耳の痛い人にも良い効果があります。

二度ほど細い和紙灸をし、棒灸で少し強めのマッサージをしますと聴会穴の圧痛も胆経も緩みます。耳とそのラインは同じですが、必ずしも他の方にも圧痛があるとは限りません。

以前見つけていた小指の根元の治療部位も、まんざら嘘でもなかったようです。

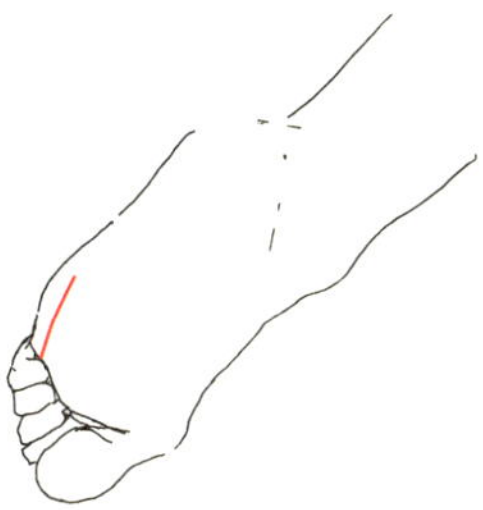

図2

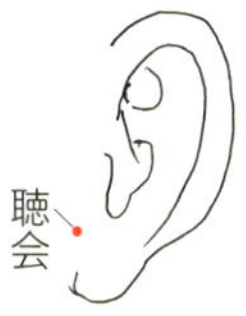

図3

耳と鼻と目の特効穴（当院での話）

　目の治療の穴に、胆経上の光明穴がありますが、私は以前から、この治療院独自の耳、鼻、目の特効穴もあるのではないか——と考え続けていました。

　そして、それらしい穴を見つけましたので、お知らせいたします。（図）

　なお、耳は反対足に圧痛がある場合のほうが多いようです。

　聴会穴などの下の圧痛は消えますが、どれほど聴力が改善されるのかまでは、私には判りません。

　鼻は、置鍼後二、三分で通りが良くなるようです。

　目は、鶴頂穴のすぐ横内側にありますが、どれも膝蓋骨の淵ギリギリで、一点の強い圧痛があり、当院ではパイオネックスの置鍼でおさめます。

　なお、目は三、四日は効くみたい——とのことでした。

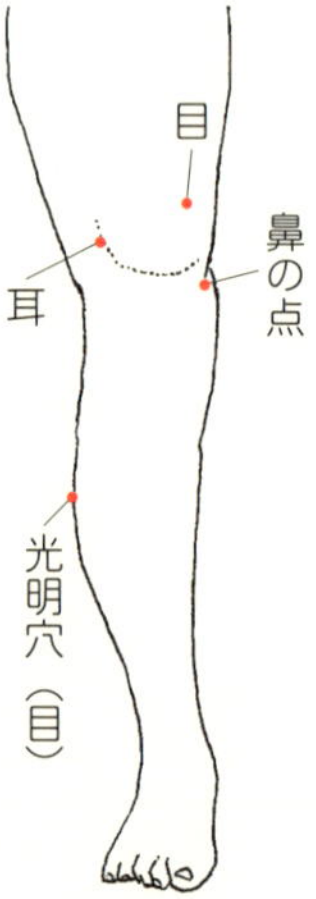

図

喘息の人の話

東洋医学では、古くから〝臓腑は記憶する〟と言われていますが、それがとても深く印象に残った時がありました。

お正月が過ぎた頃、六十歳前後の主婦が来院されました。

ベッドにバタンと伏すなり、「ハァー苦しい。疲れましたぁー」と言いました。

普段から来客の多いご家庭のようでしたので、「お正月はお客様が大勢いらしたのですかぁー」と聞きましたら、彼女は「生活苦ですー」だって。「まあ、なんてこと言うの？」と私は彼女の背中を何気なくチョンチョンとつつきました。

なんとそこがこんもり盛り上がって、バーンと張っていました。

そこは、膏肓・膈関・譩譆あたりで（図1）、喘息などの治療穴です。その横の督脈も腫れていましたので、ふくらはぎ等の督脈ラインを丁寧に施術しました。踵の大椎穴・定喘穴の治療穴のまわり（図2）にも反応があり、少し多めの和紙灸もしました。

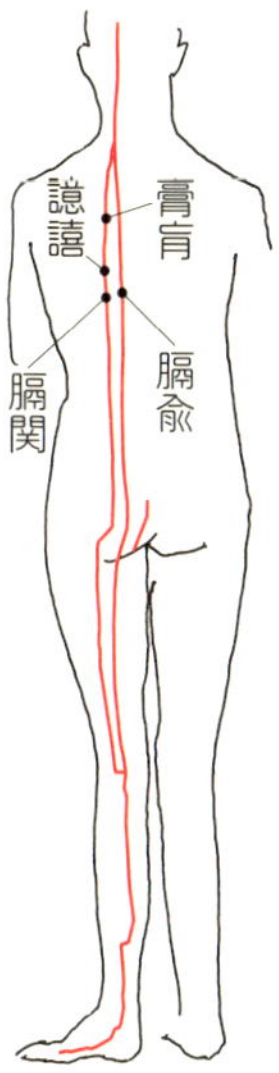

図1

膈兪あたりの足裏での治療部位は（図3）和紙灸の後、棒灸で二、三分温め、少し強めのマッサージで改善されます。

治療後、彼女は立ち上がるなり、「背中が楽になり、息もしやすくなりました。喘息がひどくなると、ここが痛くなるんですよー」と、背中の膈兪あたりを、拳でトントンと叩いていました。

その部分に気がついて治療ができて、ホッとしました。

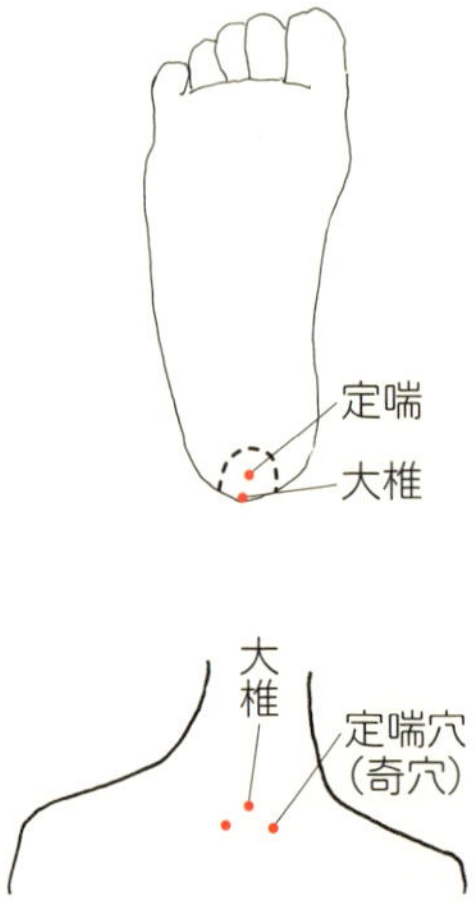

図2

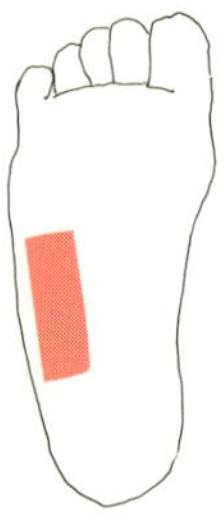
図3

その後も、その膈兪・膈関などに反応がある人が度々来院されました。

私は、そのような患者さんに「喘息っぽくなかったですかぁー」と聞きますと、「そうそう、母が、あなたが幼い頃、小児喘息で苦労したよーって言っていました」とか「ちほ子先生、よく判りますねー。以前喘息でした」と答えるのをよく聞きました。

背中の切経で厥陰兪、膏肓に圧痛がある七十歳代の男性に、足裏の施術前に、その背中の部分にパイオネックスを置鍼しましたところ、足裏で治療しようと思っていた部分が、ペコンと凹んでいるのが判りました。恵子先生と二人驚いて、その部分を見入ってしまうほどでした。

私の足裏での施術も案外合っているのだなあ――と少し嬉しく思いました。

幼い頃とか、以前喘息だった人が、膈兪あたりに反応が残っているとしたら、ズバリ臓腑が記憶するということになり、その臓腑の受けた傷を、経絡が受け取っているということに驚きました。

身体が受けた傷は、治る可能性が大いにあると思いますが、心が受けた傷の場合、それが癒えるには、長い時が必要でしょう。臓腑ですら記憶するのですから。

心の傷は治せないものの、臓腑の受けた傷にも充分ないたわりが必要なことと思い知った時でした。

声の出の悪い人の治療

ある日、身体の下肢の切経では腎経の非常に傷んでいる人が来院されました。さらに側胸部では、彧中・神封などにもかなり圧痛がありました。（図1）

私はその方に「腎経は教科書の中では兪府穴で終わりますが、その専門書ではその後、喉のほうに沿って進み、舌根部を挟むようで、その経絡が傷むと声などが出にくく人もいますよー」と言いました。

来院された方は、その説明に納得したように「今、声が出にくいのですがー」と小さなかすれた声で言いました。

私は、直接その喉を治療しなくても済む治療ラインは一体どこなのだろうか——と思わず考えてしまいました。

治療ラインは、中央線に沿ったところに確かにあるはずでした。

足の脹ら脛辺りの切経では、足首からアキレス腱の両サイドに、かなりの圧痛があるのが判りました。その方も、その部分の切経で「とっても痛いです」と言いました。

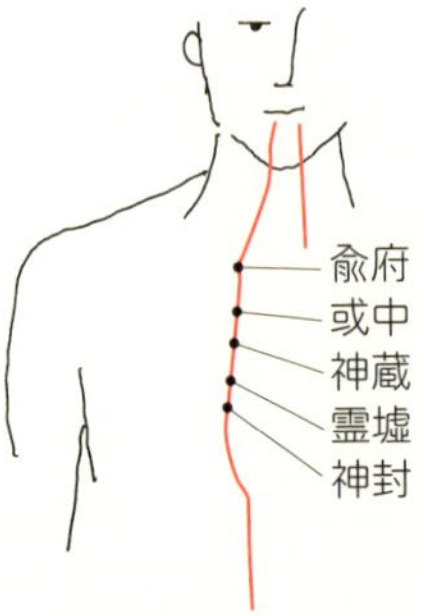

図1

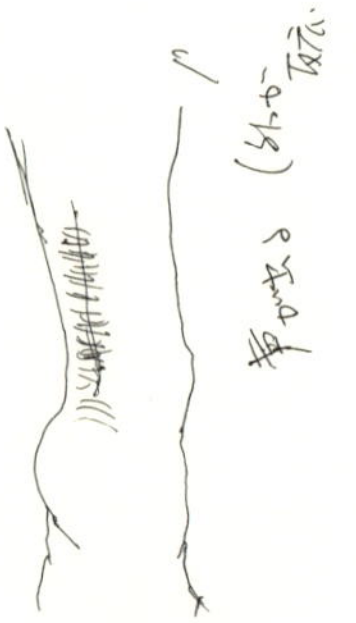
仕事中の絵

そのアキレス腱の内側は、腎経の神蔵・神封穴などの治療ラインとして最近見つけていたところです。そのことにも私自身少し驚いていました。（図2）

私は、アキレス腱を少しまたぐように広めの和紙灸をサラッとした後、棒灸で温めました。（図3）

その方は「少し声が出るようになりましたー」と言い、お帰りになりました。

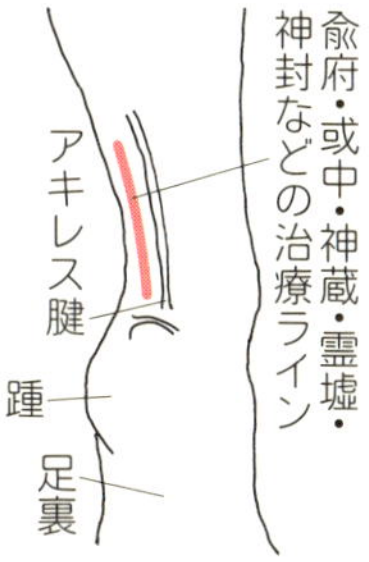

図2

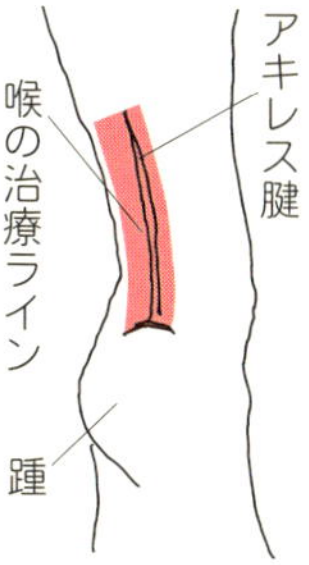

図3

そして今朝一番の患者さんは、

「朝から声がほとんど出ません」と小さな声で、途切れ途切れにボソボソ言っています。

私は「何か原因があるのですか？」と聞きましたら、「イェ、別に、なぁんにも」とまた小さな声。

私は思わず「そうです、そうです。それでいいんです。今、ちほ子さんが声の出るエリアを探している時ですので、今朝のあなたは声が出ないようになっているのです。その再確認をするお手伝いをしてくださいなぁー」と言ったかどうかですが、私はその時本当に、そのように思いました。

その一日前、仕事で疲れ切り、声もかすれてしまった男性が来院された時も、アキレス腱のところで治療して「あー、声が出るようになったよー」と言ってお帰りになりましたが、全身の治療をした後では、目もハッキリして、声も弾んでくる人がいますので、今回の治療まで喉が改善されるかどうかは、まだハッキリと判ってはいませんでした。

しかし、今伏している方は、確かに声がほとんど出ていません。治療するにはとても良い機会でした。

まず、腎経の切経で、特に圧痛のあった神封穴に置鍼した後、やはり圧痛のあったアキレス腱両サイドの施術をしました。

お帰りになる時のその人は、「喉がスースーして風が通ったみたいで気分がとても良いですよー」と言い、嬉しそうに晴れ晴れとしたお顔になっていました。

声が出づらくて悩んでいる人には、良い情報かもしれないと思ったのですが、必ずしもすべての人に反応があるとも言えません。

【心経の治療】

オロロンラインもありまーす

長い間心配事が続いていたり、悩みが深く不眠症に陥っていたりしている人は、案外腕の内側を通る心経が傷んでいる人が多いようです。(図1)

専門書によると〝精神・神経系統の病症を主に治療する〟と記されています。

ある時、うつ伏せになっていただいていた患者さんの上腕が固く、肘から手首にかけて斜めにピーンと張っている人がいました。うつ伏せですので、必然的に掌は上向きになり、親指は身体の腰のあたりにつきます。(図2)

私は、肘の内側の角から手首、小指の根元に一本の細長い和紙灸を一回施術しました。(ほとんどの場合、一回のみで良いようです)

すると固く盛り上がっていた上腕がふわりとなり、時折上腕を通る二、三本の経絡まで同じ

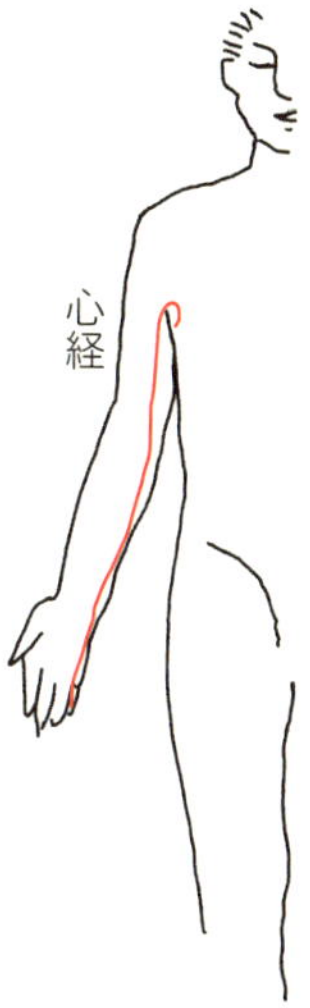

図1

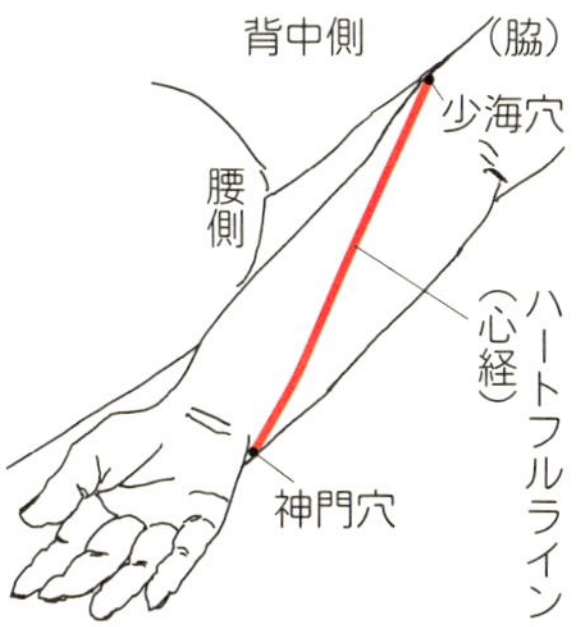

図2

ように緩む時もありました。

肘側は何という穴なんだろうか——と思いました。腕がねじれていたため心経の少海穴とは少しの間、気がつきませんでした。

腕を真っ直ぐにすると、小指の付け根は神門穴（図3）と判りました。

「へぇ〜、心経だったんだねー」と内心ホッとしました。

その方は、認知症の母親の介護で心身ともに疲れ果てて来院されていましたので、少しは気分的に楽になるはずと思ったからです。

その治療法をスタッフに説明しつつ「では〝ハートフルライン〟っていう名前にしようかしらねぇー」と言いましたら、それを聞いた隣のベッドの患者さん、「ちほ子先生、オロロンラインもありますよぉー」だってさ。

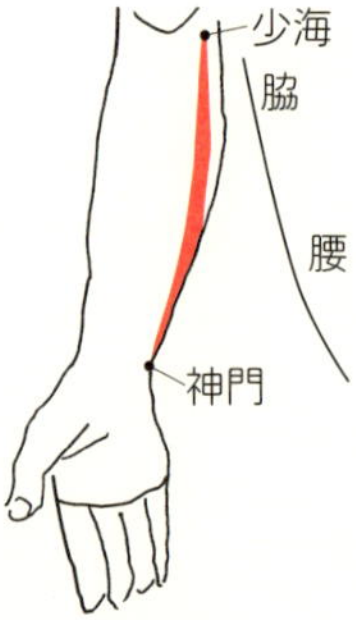

図3

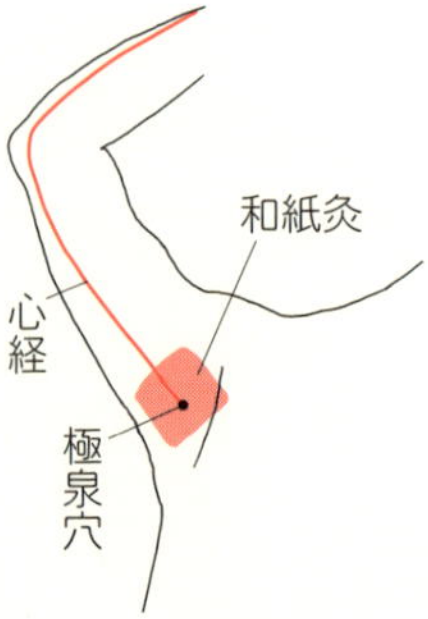

図4

なお、ハートフルラインの患者さんは、極泉穴が固く張っている人が多いようです。その穴は禁鍼穴・禁灸穴ですが、和紙灸での施術は可能です。その極泉穴に五〇〇円硬貨大の和紙灸及び神門穴までの細長い和紙灸で、肩に羽根が生えたように軽くなります——と、大変喜ばれます。（図4）

【手・指】

ヘバーデンと手のむくみとモヤモヤ病？

その一

ある友人と話をしている時、その方の左の小指の先が腫れているのに気づきました。ヘバーデンでした。

その方の話によりますと、病院で「女性の閉経時からの人が多いようです。痛み止めもありますが、手術も可能ですよ、って言われました」だって。

小指の先は、腕の表（陽の当たるほう）を流れる小腸経という経絡の始まりのほうです。（図）

その方の上腕の小腸経を切経してみましたら「痛いですー」と言っていました。

小腸経は肘を通過しますが、その方は「肘は痛くありません」と言っていましたが、もちろん圧痛のある人もいます。

では右側は？　小指の骨が曲がっているわけでも、その経絡が傷んでいるわけでもありませんでした。ということは、小腸経の傷んでいる

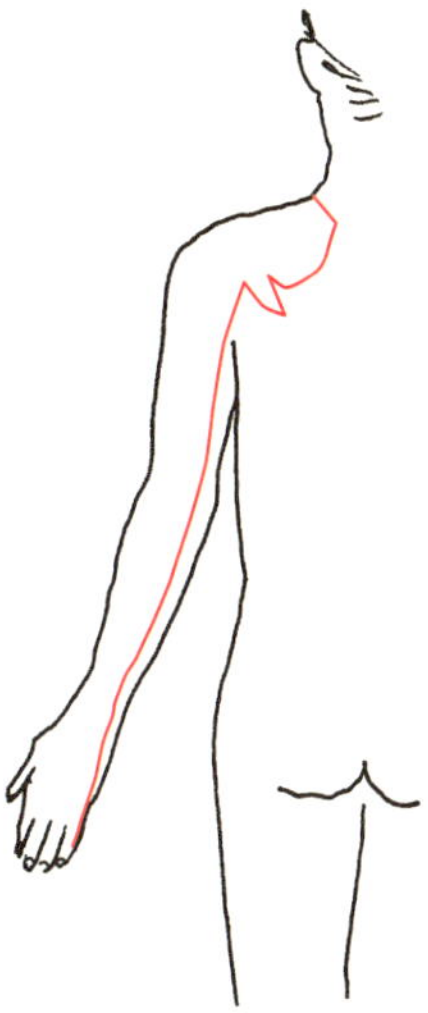

図　小腸経

人が、小指にヘバーデンってこと？　小腸経の表裏は心経ですが（本書13頁の表）、心労が多かったというわけでしょうか。

私の古い友人達の中にも手の指全部の骨が曲がり、「痛いんですー」という人がいますが、私の知らないところで長い間御苦労したのだろうか、と胸が痛む思いです。

ヘバーデンになってしまったその人に、今さら小腸経の治療をしたところで、骨が真っ直ぐになるわけでもありませんが、痛い部分の指の節に和紙灸をすると少し痛みは消えるようです。

さらに胆経が傷んでいる中年の女性が、「中指が太くなって痛いのですがー」と言うのを聞いて第三指を見ましたら、ヘバーデンでした。経絡上の傷みとヘバーデンは、国保がありそうに思いました。

その二

そのヘバーデンと各手指節関節のことで、考えずにはいられないことが、この数日の間に度々起こりました。

胆経と肝経が非常に傷んでいる中年の女性が、その肝・胆の治療を中指で終えた後、「もう治療の時間（一時間以内）がないと思いますが、毎朝中指が腫れて痛いのですがー」。

私は先ほどの治療で、第三指の表裏（肝・胆）の施術を終えたばかりでしたが、その第三指を手に取ってみますと、指の第一関節が腫れていて、ヘバーデンでした。

私はその指の先に十宣と八邪、井穴に小さな知熱灸を二度ほど施術し、その曲がった第一関節にも和紙灸をしました。

その方は、「まぁー、指が二回りも細くなったようで、指も痛くなくなりました」と、喜んでお帰りになりました。

この二日前には親指のヘバーデンの人が来院、その人は肺経が傷んでいました。

もしかしたら、ヘバーデンと身体の中に流れている経絡の不調とは一致するのではないか――と思いました。

不思議なことに、当院で見つけた指での経絡通りだったということも、考えずにはいられませんでした。例えば胆経の場合、第三指の甲側というわけです。第四指と第五指は背中の膀胱経ですね。なお、手の関節に和紙灸をする場合、指の甲側のみに小さな灸をするだけで、充分痛みは消えます。考えてみますと、経絡でいうと陽経のみのようでした。

私はヘバーデンと手指節関節のことを知るために、指での経絡治療を思いついたのだろうか――と思うと、胸がドキドキしました。それを知るのに、十五年以上もかかったのですから……。

その三

一年ほど前、「右の手がモヤモヤ病なんですがー」という六十歳代の女性が来院しました。

その時私は、そのモヤモヤ病という病が、どういう症状のことをいうのかは、ほとんど判っていませんでした。(今も判っていませんが……)

そのモヤモヤ病が、身体全体の中の右手のみなのかという説明も聞かずに終わりましたが、その方御自身がそう私に言いました。もしかしたら専門医の診断だったかもしれませんが、私はとりあえず十宣と八邪を二回施術し、いつものように傷んでいた経絡を診ました。

その翌々週、三度目の来院をされた折、「あのモヤモヤ病は治りましたぁー」と、いつものようにおっとりした話し方にホッとした覚えがありますが、それがどうして治ったのかは、私には判りませんし、いまだに〝モヤモヤ病〟がどんな病気なのかも判りません。

頭痛の特効薬　胆経の場合

ある日、恵子先生が診ていた患者さんが「まだ頭が痛いんですがー」と治療の終わりの頃、言いました。

私は日頃から「側頭部の頭痛は胆経ですねー」とか、「前頭部は胃経かしらねー」などと軽く言っていましたが、その簡単と思っていた頭痛の特効穴を見つけていなかったことに、我ながら非常に驚きました。頭痛を訴えた人がいなかったのか、治療後それが改善されたとでもいうのでしょうか？　時々、「アラーッ、頭痛が消えています」という方もいらっしゃいましたが……。

最後は私が診ました。

〝百会〟に圧痛があり、その穴に小さな知熱灸を一個施術しました。

患者さんは、「良くなったみたいですー」と言ってお帰りになりました。

その翌日の正午過ぎの患者さんは、治療を始める頃から「頭痛なんですがー」だって。その時私は、前日の後悔に対して反応してくれた何者かに深く感謝しました。そして頭痛の治療穴は必ず見つけられる、と確信しました。

まず、後頭部胆経側を指先でチョンチョンと叩いてみましたら、脳空・玉枕辺りに反応があり、患者さんも「痛いですー」と。(図1)

私は足裏を探りました。

足裏では小指第五指と次の第四指の間、中足骨まで圧痛があるのが判りましたが、再度の切経では、踵骨の立方骨まで指が入りました。(図2)

足の背のほうでは、胆経の足臨泣・地五会・侠谿穴(図3)までに圧痛があり、患者さんはその部分も「痛いでーす」と言いました。

そして、反応のあったその足裏のラインに一列を二度、そして胆経の和紙灸を、もえ先生にしてもらいました。

患者さんはすぐに「頭痛が消えましたー」だって。

その施術で、頭部の圧痛も足の背の胆経ラインの圧痛も消えていました。

その時は、胆経側の頭痛特効穴しか見つけていませんが、不思議なことに、その翌日の朝一番の患者さんも頭痛を訴えていて、足裏では同じような反応がありました。

後日、膀胱経の一部の玉枕・天柱(図4)などは、当院の第五指

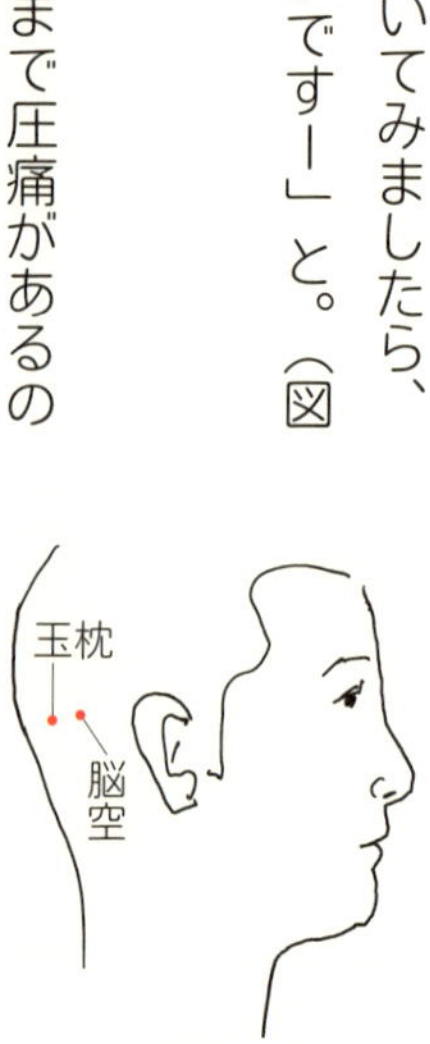

図1

図2

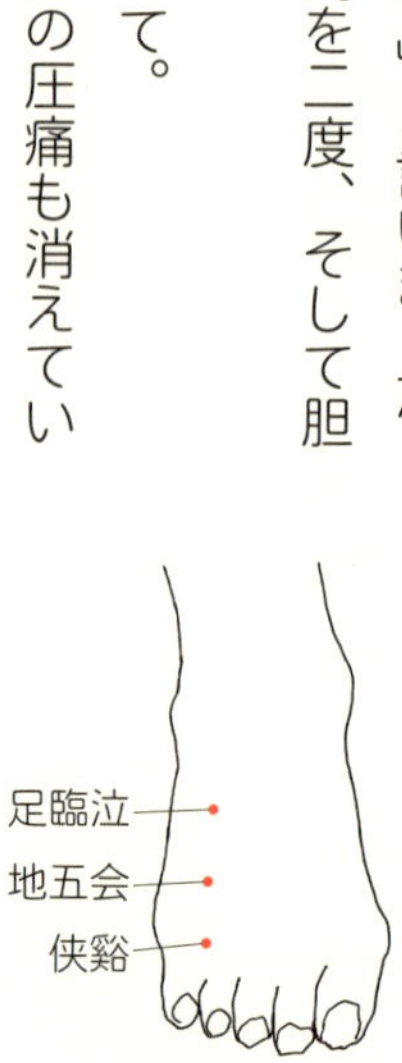

図3

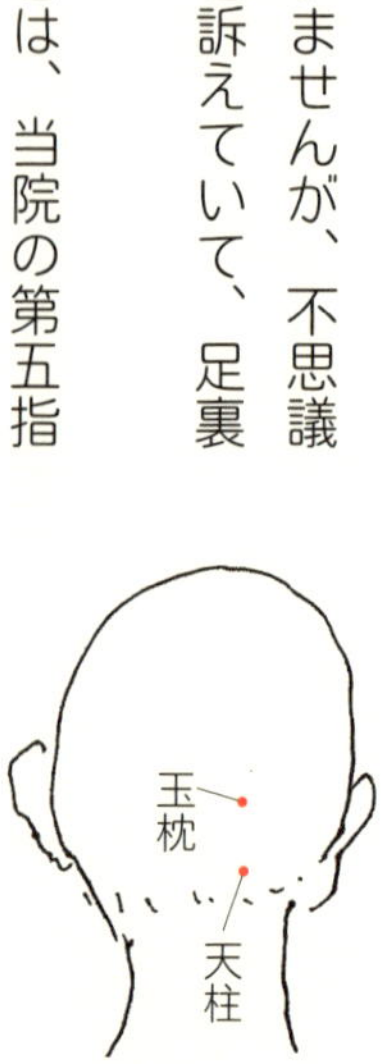

図4

（小指）の第一膀胱経との施術で頭痛が改善されることが判りました。

その後、私は来院される患者さんに、しつこく「頭痛はないんですかぁー」と聞いていますが、そのような方は来院されていません。残念なことですよー。

【喉】

風邪でもなさそうなのに咳が……

以前から「風邪をひいているようでもないのに咳が止まりません」とか「エヘン虫がまだいますー」という方が、何人かいらっしゃいました。

踵の先の大椎（定喘穴も入る）辺りに、少し大きめの和紙灸で、治療中に咳が出なくなって驚いたりする人もいましたが、「まだ咳がー」という人のために、他にどのような治療穴があるのだろうか――と考えていた時でもありました。

そしてある時、私自身の右の胸にキューンとした痛みが走り、もしかしたら心臓発作にでもなったか――と看護士さんに聞いてみましたら、「心臓は左ですよー」だって。

「ハァー?」と言いながら、「でもでも右に心臓のある人もいるって聞いたことがある」と思ったものの、ではどうして右の胸に痛みが走ったのだろう――と、自分で切経してみましたらば……腎経の神封・霊墟・神蔵・或中穴に圧痛があると知りました。（図1）少し考えてみますと、夕方から咳も出ていいました。

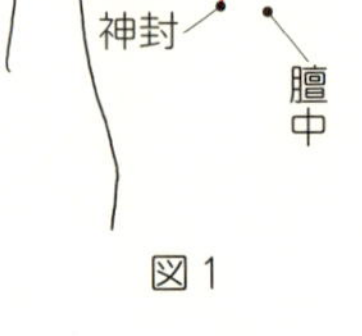

図1

私の場合、置鍼しておさめました。そして私は、いつかどなたかが、その腎経の神封あたりに圧痛のある人が来院された場合、その治療エリアを見つけようと思いました。

するとすぐ、そのような人が同じ日に三名も来院されたのです。

まずもえ先生と神封穴辺りを切経した後、さてさて治療エリアはどこだろうか――と探りましたら（図2）、足のほうでは腎経の交信・復溜穴の間から太谿穴までに、かなり太いラインの圧痛があるのが判りました。（図3）

初めの女性は皮膚が弱いため、棒灸のみの施術をし、圧痛が消えるのを確かめてから、霊墟穴前後のラインを切経してみましたら、ほとんどの圧痛が消えていました。

その日の最後の女性は、腎経の切経はしていませんでしたが、この日見つけた咳のライン（足の腎経側）に手が触れ、圧痛があるのを知り、「咳は出ませんかー？」と聞きましたら、その方は「夜になるとケホッ、ケホッと咳が出ますよー。まるで年寄りみたいにねー」ですって。御自身ももう七十歳をとうに過ぎているというのにねー。

その時、そういえば、お年寄りが時折軽い咳をしているのは。腎経が弱っているからなのだろうか――と思った次第です。

その方には和紙灸と棒灸の施術をして終わりました。

その方がお帰りになる時、「なんだか声もよく出るようになったようよ。いい声でしょー」

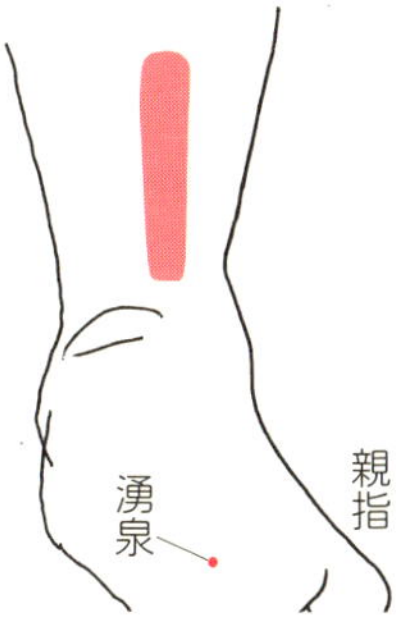

図2

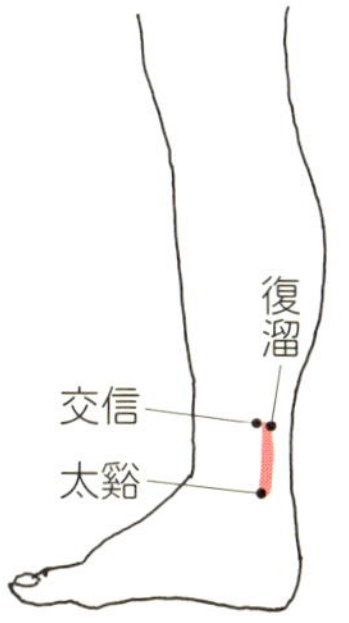

図3

ですって。

私は「いつもいい声ですよー」。

腎経は足裏の湧泉穴から始まりますが、鎖骨の下縁で終わり、その後、喉頭を巡り、舌根を挟み、その後、その支脈は肺から心に連絡し、胸中に入ると思われています。そのため咳が出て、一見肺の病症に似ているように思いますが、実は腎の治療で咳の治療も可能のようでした。しかし、肺の傷みによる咳と腎の場合の咳と、どのような違いがあるのでしょうかしらねー。

東医の五行では、肺と腎は相生関係で、連続的に関連しあっているものの、なかなか理解しがたく難しいですねー。でも私は、なぜかとても面白い！

【背中】夾脊ライン

以前にも見つけていたはずの夾脊（図１）でしたが、再度確かめたいと思いつつ、日が過ぎていました。

今日の午前中の患者さんは背中は丸く、どこを治療してよいのやら判らないほど、張っていました。

治療時間も一時間以内ですし、全身を治療するには――と気ばかりあせりました。

よほどお疲れとみえ、腕の小腸経（図２）を治療するのに、掌の小指側（図３）、三度ほどの施術が必要で、肩貞穴まで緩むのを知ってから（図２）、いざ督脈と思いましたが、一度くらいの施術では、間に合いそうもないと思いつつ、その小腸経の治療の後の小指の外側をみていましたら、少々腫れているようにもみえ、以前見つけていた夾脊ラインのことを突然思い出し、その部分に四度ほど和

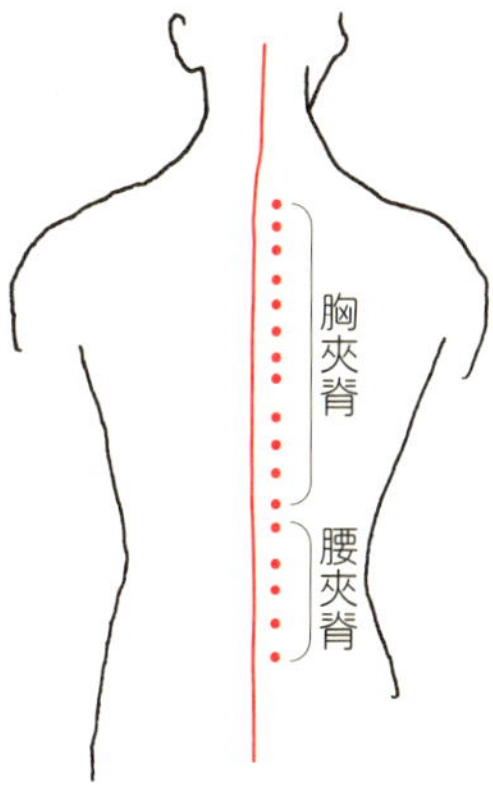

図１

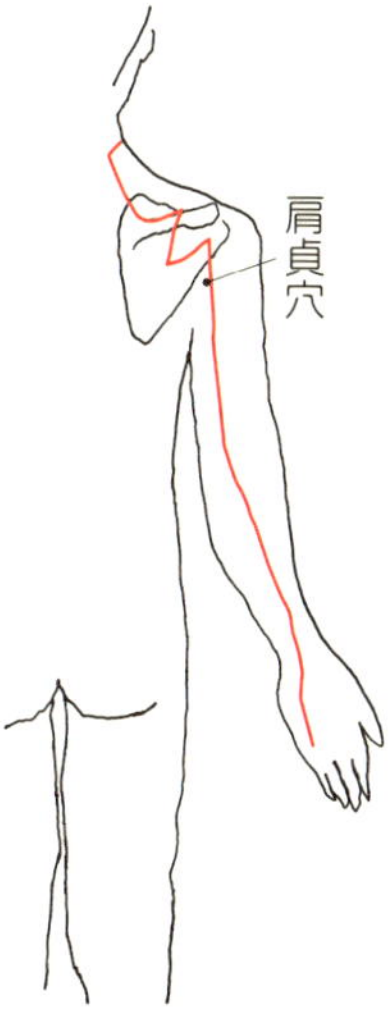

図２　腕の小腸経

紙灸をしてみました。（図4）
バーンと張っていた背中が、凹凸のある背中に変わり、わざわざ督脈を治療しなくても良いほど、美しくなっていました。良かったねー。
なお、指先から中手骨までが胸夾脊のようで、その後、手首までが腰夾脊みたいに思っていますが——

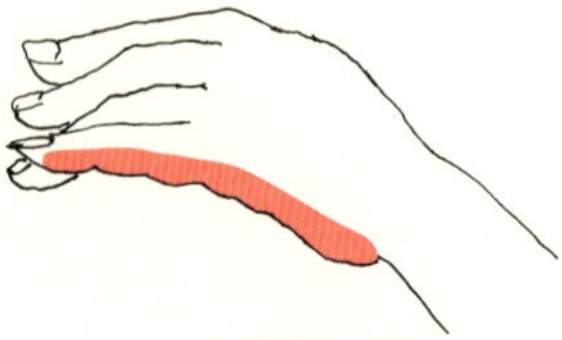
図4

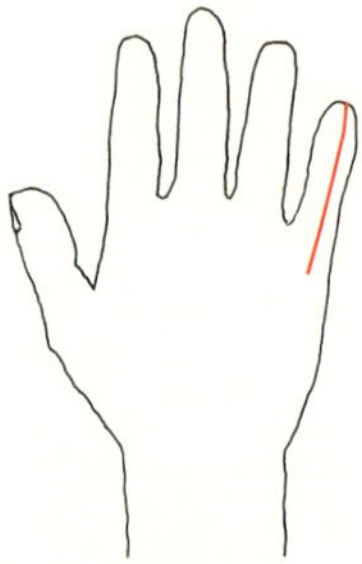
図3

足首横紋周りの不思議

その一

とある日、もえ先生が治療している方が「イタイでーす、イタイでーす」と言い続けている声に、私は治療している患者さんを仕切っているカーテンをバサッと開けて、隣のベッドを見ました。

もえ先生は、その方の右足首の横紋面辺りをマッサージしているところでした。多分腫れ上がっているその部分に、和紙灸をした後の施術だったのでしょう。

もえ先生は、「優しく手を当てているだけですよー」と言っていますし、その通り撫でているだけでした。

時折、足首の内果辺りが腫れている人が来院されますが、かなりの圧痛がある人は、私の思ってもいない、経絡の治療改善に繋がるエリアかもしれないと思いました。しかし、どの経絡も傷んでいる人の場合、その足首周りの施術でいったいどこの治療になるのかは、知ろうとは思ってもいませんでしたが——ある日、その日に限って、特に脾経が傷んでいる人が三名来院されました。

人指し指の裏の施術で、ある程度下肢は緩みます。

私はそれで脾経全体が改善されるものだと思っていましたが、その日の上半身の切経では、大包穴・周栄穴・腹哀穴などに（図1）、強い圧痛があるのを知りました。

私は今までそれを見逃していたのだろうか――と寒気がするほど驚き、一瞬仕事をする気も失せそうになりました、気を取り直してから、初めの人の場合、まず人指し指で軽く脾経の治療をした後、まだ圧痛が残っている周栄穴・大包穴など自体に和紙灸をしましたが、次の人の時は、他の小さな部位での治療エリアを探すことにしました。

そしてなぜか足の首内側に手が行きました。

まず、上半身の左右の圧痛の差を確認してから、足首面を切経してみましたら、上半身の差の通り、足首にもあることを知り、その部分を脾経の上半身の治療エリアに決めました。下肢も同時に少しは緩みます。

その部分の和紙灸（幅二センチ、縦七センチの和紙）を二度ほど施術した後、上半身の脾経の圧痛は消えていました。

ある患者さんは「アレーッ、脇腹の痛みが消えましたよ。脇腹の皮膚が弱いから、痛いのかなぁとずーっと思っていましたの」だって。

足首周りの治療エリアを図にしてみましたら（図2）、胃経の衝陽

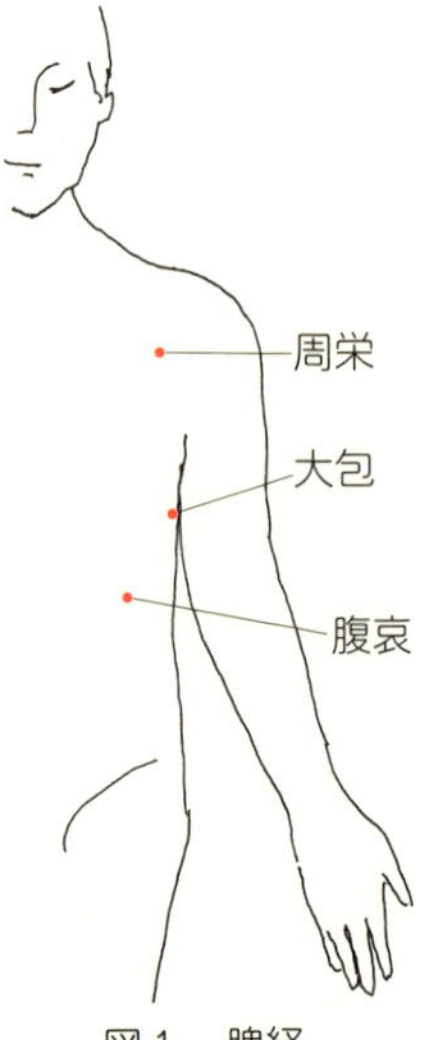

図1　脾経

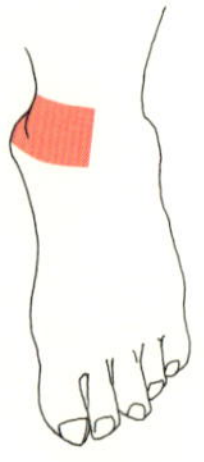
図2

穴、肝経の中封穴、脾経の商丘穴が含まれています。（図3）
　上半身では肝経の期門穴、そしてそのすぐ下の胆経の京門穴も改善されているようでした。（図4）
　先のもえ先生の治療で、患者さんの脾経などの改善に繋がっていましたが、その時は何も知らないで施術していたという訳です。あー、良かったねー、もえ先生。

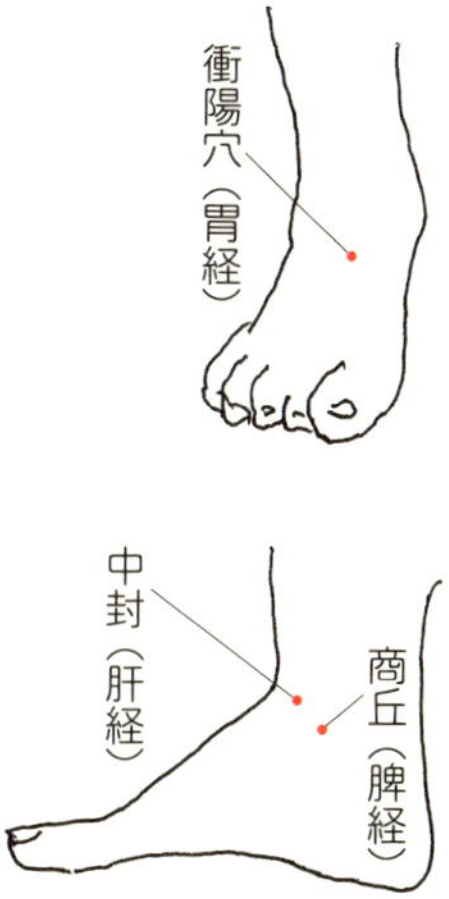

図3

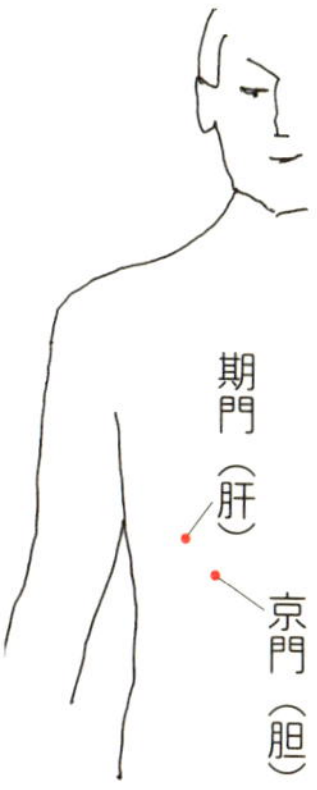

図4

その二

最近、咳が止まりません——という婦人が来院されましたが、治療時間内での施術は不可能で、反応のあった腎経の或中穴・神蔵穴などに置鍼してお帰りいただきました。その後、「随分咳は治まりましたが、まだ少し残っているみたいで、日中時々出ます」という話で来院されました。

　腎経の下肢の部分は、それほど反応はありませんでしたが、胸辺りの腎経にはまだ少し圧痛がありました。

　この日は、その治療ラインを足で探すつもりでした。少しの反応でも良い結果に繋がりそうな気がしていました。

腎経の上半身の治療は、一体どこなのだろうか？身体全体で考えると中央寄りのはずです。

そして探し出したのが図1でした。

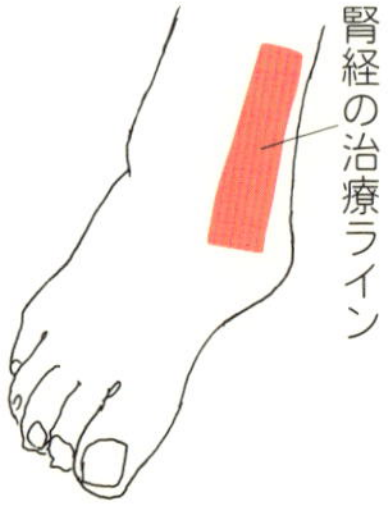

図1

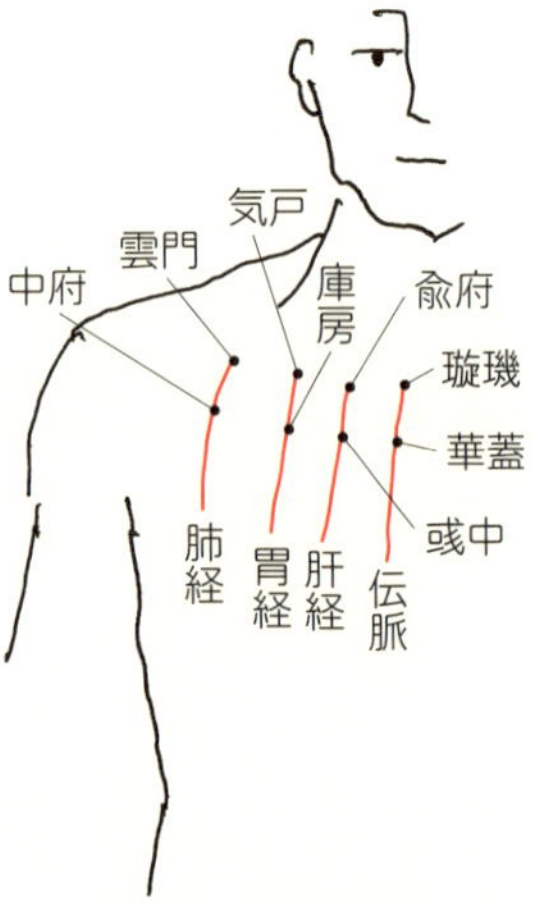

図2

和紙灸で治療が終わった瞬間、その方は「あー、息が楽になりました。なんだか不思議、不思議」と言いました。後で思うに、足で治ったから不思議って言ったのかしらねー。

確かに呼吸とか咳に良い治療穴は、経絡では横並びにピタッと美しく揃っています。（図2）肺経の雲門穴・中府穴、胃経の気戸穴・庫房穴、腎経の兪府穴・彧中穴、任脈の璇璣穴となっています。肺経と腎経は中医学の五行では相生の関係ですし、以前出版した本の中の図4（『ようこそ菜の花治療院へ』92頁）では、足の脛骨に沿って任脈の治療をしたこともありました。

いずれも咳と深い関係があり、その方が「楽になりました」と言いつつお帰りになる様子を見ることは、治療者冥利に尽きる一瞬です。

そのような時、度々私は恵子先生達に「今夜はディナーショーにでも御一緒しませんかー。それも美空ひばりショーですよ」などと言いますが、充分に嘘と知りつつも、スタッフ二人とも嬉しそうにニコニコするんですよ。

床は、和紙から剥がれたもぐさが、まるで散弾銃でも飛び散ったかのような様の上、敵か味方かよく判らないまま走り回って負傷者の手当をする私達は、まるで戦場の天使のようねーと仕事の合間にスタッフ達と笑う時があります。

狭くて少し薄汚れたこの治療室も〝幸せ〟を願う缶詰の中のような感覚が、時にはありますが、来院された方の日々の苦しみとか悲しみを知ることもあり、胸がギューッと縮む思いをする時もあります。

【鼠径部・背中】

手首の甲の部分での治療

手首の甲側への和紙灸が案外鼠径部の治療に良いことが判りました。(図)

二、三列くらいの和紙灸の後、馬油などを塗り、強めのマッサージでかなりの効果があります。

なお、手首より上、指までの全体を和紙灸でサラッと施術し、マッサージを加えますと、背中はふっくらとし、さらに上腕の陽経も緩みます。大急ぎの治療では、時々その方法ですることがあります。

しかし、上腕など固く張った患者さんに対し、いろいろ考えながら治療していたはずですのに、これほど簡単に緩むことに驚くとともに、究極の治療とは案外簡単なことか――と思ったほどでした。

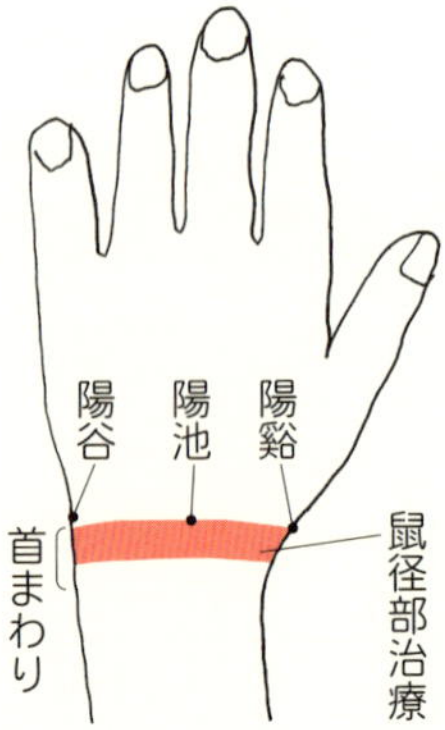

図

あとがき

―鍼灸治療の海に漂いつつ―

平成最後の年の春頃から、令和元年の八月までの約一年半に及ぶ、手の甲・掌中・足裏・下肢に新しい経絡の治療穴を見つける旅がほぼ終わりました。

これまで以上に一歩先を目指していたはずの治療ですが、書き終えてみますと、いまだに出発点に立っていると思えるような、なんとも不思議な感覚です。

この仕事自体、始めもなく、終わりもなし、ということなのでしょう。

果てしない広い海の波間に抱かれて、漂っているかのようです。

学生時代、私は体調が悪く、東区のほうで開業されている某先生の所へ、学校帰りに教材の入ったリュックサックを背負って治療に通っていました。いくらか勉強になるかも――と思いましたが、ベッドに横になると、すぐに寝てしまっていたため、何一つ記憶にありません。

ある日思い切って先生に「卒業してから何年ぐらいの修業で治療者になれるのでしょうか?」と尋ねましたら、「そうですね。一生懸命五年も修業したら良いでしょう」と。

私はとっさに「えーっ、それは出来ません」と言いました。その時の先生の反応は、私の記憶にはありませんが、主人の看病、小さいながら病院の雑用、なかなか定着しない鍼灸の勉強と通学等、毎日が睡眠五時間以内の生活では、他に出向いてまでの修業など、到底無理な話でした。もともと開業する気はなかったものの、さらにそのような話を聞き、全くその気は失せてしまっていました。

しかし、なぜか卒業後、すぐに開業してしまったのです。

私はその時、私の内側から支えてくれる何者かのメッセージと、私の鍼灸師としての覚悟だけを拠り所として、誠実に仕事をしようと決めました。

それは非常に強い決心でした。それ故か、悪戦苦闘はしたものの、なんの束縛も感じず、自由な施術法へと向くことが出来たのでしょう。

初めの頃は、もぐさ・ローソク・線香など、初歩的な雑多と思えることでさえ、日々戸惑いの連続で、何度も逃げ出したかったこの仕事を、辞めることなく今日まで歩み続けて来られたのは、スタッフ達の誠実さと細やかな気配りが何より一番ですが、治療を終えてお帰りになる時の「ありがとう！　また来ますねー」という私達への励ましにも似た患者さん達のお声掛けによるものでしょう。

何かの御縁で菜の花治療院に来院される、少しばかり傷を負った多くの皆様に、心より深く感謝申し上げます。

本当にありがとうございました。

山口ちほ子

〇和紙灸治療鍼灸師

江別市大麻　北條　恵子　鍼灸師

札幌市中央区　佐野　もえ　鍼灸師

（両名とも、菜の花治療院に勤務）

〔参考資料〕

『東洋医学概論』㈳法人東洋療法学校協会編
教科書検討小委員会著

『経絡経穴概論』医道の日本社

『基礎中医学』たにぐち書店

『図説東洋医学〈基礎編〉』学研　山田光胤・代田文彦著

『図解鍼灸医学入門』医道の日本社　蛎崎要・池田政一著

『鍼灸経穴辞典』東洋学術出版社

続・ようこそ菜の花治療院へ
―出会いの日々―

発　行――二〇一九年十二月二十八日

著　者――山口千穂子

挿　絵――山口千穂子

発行者――林下英二

発行所――中西出版株式会社
〒〇〇七―〇八二三
札幌市東区東雁来三条一丁目一―三四
(011) 七八五―〇七三七

印刷所――中西印刷株式会社

製本所――石田製本株式会社